GOU TONG DE YI SHU

沟通的艺术

杨超 / 编著

时事出版社
北京

图书在版编目（CIP）数据

沟通的艺术 / 杨超编著 .—北京：时事出版社，2021.9（2024.4 重印）

ISBN 978-7-5195-0432-8

Ⅰ . ①沟…　Ⅱ . ①杨…　Ⅲ . ①人际关系学　Ⅳ . ① C912.11-49

中国版本图书馆 CIP 数据核字（2021）第 140767 号

出 版 发 行：时事出版社
地　　　址：北京市海淀区彰化路 138 号西荣阁 B 座 G2 层
邮　　　编：100097
发 行 热 线：（010）88869831　88869832
传　　　真：（010）88869875
电 子 邮 箱：shishichubanshe@sina.com
网　　　址：www.shishishe.com
印　　　刷：三河市华润印刷有限公司

开本：670×960　1/16　印张：18　字数：180 千字
2021 年 9 月第 1 版　2024 年 4 月第 3 次印刷
定价：50.00 元
（如有印装质量问题，请与本社发行部联系调换）

前 言

沟通是人与人信息交换的基础，也是人与人建立情感联系的桥梁。甲在讲话，乙却不知道甲在讲些什么，这样的两个人自然无法达到沟通的目的，更难以产生共鸣。只有沟通清楚，才不会出现误解，才能在情感上让彼此的联系更加紧密。

沟通在企业管理中亦是如此。

松下幸之助有句名言：企业管理过去是沟通，现在是沟通，未来还是沟通。因此管理离不开沟通，沟通已渗透于管理的各个方面。项目计划的制订与执行缺少不了沟通，员工的选用与任命同样也缺少不了沟通……有组织管理，有企业员工，就必然存在沟通，唯有沟通才能消除彼此之间的隔阂、化解彼此之间的矛盾、减少彼此之间的误解、抑制彼此之间的冲突，使团队和组织向着更好的方向发展。

管理者应该具有多种能力，但最基本的能力就是有效的沟通。对于领导者来说，首先，沟通是一种态度，也是一种能力，领导者唯有重视沟通，才会想方设法找到与员工良好的沟通方式，真诚地与下属交流，了解他们的思想，形成管理发展的合力。其次，领导者必须意识到沟通是双向的，沟通不仅是自上而下，也是自下而上的，只有秉持双向沟通的原则，员工才会敞开心扉，才会真正顺畅。最后，领导者应该以身作则，在企业中建立良好的沟通文化。如果领导者忽视了管理中的沟通，那么员工也会消极地对待沟通，长此以往就会形成一种“怠慢文化”，领导者不乐于主动发现问题、沟通问题，员工即使有不满也不愿意找领导沟通，这样的企业自然没有发展可言。

对于管理者来说，语言表达能力对于推动工作、彰显领导力、完美完成任务等方面都具有极其重要的作用。本书结合工作实际，运用大量事例，从不同方面阐述管理者的沟通之道，传授有效的沟通技巧，让上层与下层、内部与外部形成良性的互动，让沟通真正服务于团队与组织。

·目录

第一章

掌握批评的艺术至关重要

第二章

谁都渴望得到他人的赞扬

第七章

辩论能力是口才与智慧的体现

第八章

在关键时刻起关键作用的谈判

第一章

掌握批评的艺术至关重要

领导者批评下属绝非是一件简单的事情。某些领导者由于缺乏管理的知识和经验，在批评下属的时候，常常感到力不从心。但是，在工作中，下属犯错误是不可避免的，如果领导者不知道采取怎样的方式批评下属，就会在很大程度上降低工作效率，甚至还会影响员工的情绪。如此说来，掌握一定的批评艺术技巧，对领导者来说至关重要。

001

[欲抑先扬，批评之前先赞美]

教育家陶行知有一次在校园里发现了一个学生用泥块打其他同学，陶行知立马制止了他，并让他放学后去校长室。

放学后，当陶行知走到校长室时，发现这个同学已经站在办公室门口等着接受责罚了。但陶行知并没有训斥学生，而是递给了他一块糖，说："这是给你的奖励，因为你准时来到校长办公室。"学生感到十分吃惊。

接着，陶行知又递给了学生第二块糖，说："这是奖励给你的第二块糖，因为你听老师的话，我当时不让你打人，你马上就停止了。"学生更吃惊了。

接着，陶行知又递给了学生第三块糖，说："我已经问过其他同学了，因为他们欺负女同学，所以你才用土块打他们，这说明你很正直，这也是给你的奖励。"

学生流下眼泪说道"陶校长，你责罚我吧！我知道错了，我不应该打同学！"

此时，陶行知笑了，又递给了学生第四块糖，说："你能及时地认识错误，很好，这块糖也奖励给你。"

陶行知把犯错误的学生叫到办公室，首先给予的是表扬，而不是批评，然后一步一步让他认识到自己的错误。就这样，陶行知没有疾言厉色，轻轻松松就让学生改过，不得不说，陶行知的教育艺术堪称一绝。

在批评的时候先给予表扬，使孩子内心感到温暖，这就是“欲抑先扬”教育方式的高明之处。试想，如果家长都能以这样的方式批评教育孩子，又有哪一个孩子会产生反抗心理呢？

批评员工亦是如此。

美国著名企业家玫琳凯·艾施在《谈人的管理》一书中说：“不要仅仅想着批评，要多想想赞美。我一直以来都严格遵守这个原则。无论你要批评对方什么，首先一定要找出对方的优点进行一番赞美，无论在批评前还是批评后，都必须这样做。这就是夹在大赞美中的小批评。”

对方在受到批评之前，最担心的就是自己的颜面受损，所以，在批评前，如果你能很好地帮助对方打消这个顾虑，那么批评就不是那么令人难以接受的事了。

有本书中这样写道：“如果有人直接指出我们的错误，我们会马上对他的批评产生反感，而且，我们还会更加坚信自己是正确的。如果有人想要将我们的这种信念彻底地消灭掉，我们反而会更加坚决地来维护它。”罗宾汉教授说的正是人的一种本性。

生活中，我们常常听到这样的话：“这头‘倔驴’，怎么说都不听话。”“这个员工，批评他好多次了，就是改不了这个臭毛病。”这个时候，先赞美后批评的方式就是化解固执的良药。

一名刚刚参军的小战士写得一手漂亮的字，但就是“洒脱不羁”。每天早晨起床后，只有他不肯整理内务，班里经常因为他扣分。为此，班长批评了他好多次，但是，不起一点儿作用，他依旧我行我素。

一天，指导员看到小战士正在认真地练字，特意走上前去说：“字写得很漂亮！”小战士一看是指导员在夸他，十分得意。

指导员又接着说：“中国的汉字是最美的字体，它融合了美学和力学等因素。”然后，指导员又与他讲了很多关于汉字的事情。小战士没想到指导员对汉字这么有研究，十分佩服。

这时，指导员话锋一转说：“正所谓，字如其人，但遗憾的是，你的字却不同于你的人。”指导员指着他的床铺，“你的字写得这么漂亮，但再看看你的床铺，邋邋遢遢，哪有你的字那么漂亮……汉字的每一笔都很重要，一旦哪一笔写得不好，就会影响到字的整体美。一个集体也是如此，如果有一个人做不好，那么整个集体的荣誉也会随之受到影响呢？”

小战士明白了指导员话里的意思，红着脸说：“指导员，我知道错了，我保证以后一定好好整理内务，不影响集体荣誉。”

以上都是对小战士的错误进行批评，对于班长的批评，小战士丝毫没有理会。但指导员的批评却使小战士马上意识到了自己的错误，决心改正。这是因为指导员采用的是“欲抑先扬，批评之前先赞美”的批评方式，先从小战士的得意之处入手，再指出他存在的问题，自然就容易被小战士接受。

可见，批评教育是一门艺术，如果领导对下属给予过多的鼓励赞扬，他们的内心就会受到蒙蔽，难以发现自己的缺点；但如果总是直接批评，也会使下属丧失自信。只有两者相结合，你的批评和建议才能深入对方内心，达到督促对方改正缺点的目的。

002

[根据性格特征，匹配批评方式]

夏天的时候，一些年轻时尚的女性总是喜欢戴着帽子出门，尤其是穿上清凉而美丽的裙子，再戴上一顶漂亮的帽子，女性年轻、时尚的气质就完全彰显出来了。

在电影院里，经常会有年轻的女性入场之后不肯摘帽子，影响了坐在后面观众的观看。为此，在放映电影前，工作人员多次强调：“影片放映期间，请不要戴帽子。”但效果不佳。

后来，电影院的工作人员意识到，对爱美的女性说出“请她们摘掉帽子”的话根本不会起作用，她们之所以戴着帽子是为了彰显自己的美，让爱美的女性丢掉自己的美，她们怎么会接受呢？于是，电影院的工作人员想出了这样一个办法，在播放前，工作人员说："本影院为了照顾一些年龄较大的女性观众，我们允许她们戴帽子观看电影。"

结果，此话一出，所有戴帽子的年轻女性都摘下了帽子。

说话需要因人而异，如此，说出的话，才能被人听进耳朵里。在实际工作中，领导者对下属的批评只有做到因人而异，才能收到更佳的效果。

心理学家认为，人的性格分为多种类型，但大体说来，可分为外向型和内向型两种。性格外向的人会比较开朗、活泼、善于交流，不会因为几句言语不和而耿耿于怀；性格内向的人喜欢安静，处世敏感，会三思而后行，在受到他人批评时会耿耿于怀，甚至郁结于心。

所以，当领导在批评下属的时候，要根据下属的性格采取不同的方法。对性格开朗的外向型员工可以直言不讳；对性格内向、谨慎型员工就需要含蓄一些；对脾气火爆、做事匆忙的员工要循循善诱；对犹豫不决、难以做出定论的员工要一针见血，等等。

王丽在公司已经工作一年了，她的性格有些内向，不爱与其他同事交流，别人和她开个玩笑，她就会脸红。

公司是一个需要员工们互相配合、融洽在一起的地方，虽然员工的工作做得很好，但也应当学会与其他人交流。上级领导发现了王丽的问题，找了一个单独与她谈话的机会。

领导说:“王丽，你是一个非常优秀的员工，工作做得很好，前几天你交上来的报告，我看了，做得非常棒。”王丽微微一笑，说了句:“谢谢经理夸奖。”

接下来，经理又接着说:“你看啊，王丽，你的工作这么出色，如果你能和其他人多交流一下意见、想法，是不是会更出色呢?”

领导者想要驾驭好批评这把利剑，就要尽量减少批评所带来的负面影响，降低下属的抵触情绪。这就需要领导者在批评下属的时候必须考虑到下属在个性上的不同，使你的批评方式与对方的性格特征相吻合。

比如，遇到不爱说话的下属，你不能直接批评他:“你应当学会与其他人交流，每天不说话，自己一个人闷头工作，能做出什么好成绩吗?”这样只会让害羞的下属更加害羞，更加不愿意和其他同事交流。相反，如果采取上面故事中那位领导的说话方式，你的员工不仅会按照你的建议去做，而且在以后的工作中还会做得更出色。

除此之外，提出以下几点供领导者参考:

第一，对于自尊心较强的员工，不要想着一蹴而就，而应当采取渐进式的批评方式。由浅入深，一步一步走入对方的心里，不要一开始就和盘托出，这样很容易让对方产生沉重感，难以达到预期的目的。

第二，对于社会阅历较浅、自我意识较强的年轻员工，应采用对比的方式，借助别人的经验委婉地指出他们的错误。

第三，对于脾气火爆的员工，要心平气和地与其讨论问题，使其感觉到你们之间是平等的，避免对方出现对抗或者抵触的情绪。

第四，对于性格内向，但思想比较成熟的员工，用提问的方式批评对方是一种不错的办法。运用此种方法，领导仅仅扮演提问者的形象，让被批评的员工自我作答，借此思索自己存在的问题。

只有领导的批评“对号入座”，有的放矢，才会达到理想的效果，而不至于在上下级之间因批评而闹矛盾，甚至结下疙瘩。

003

[不要在公共场合批评员工]

一位太太刚买了一件十分漂亮的礼服，心里美滋滋的，打算穿着它去参加周末朋友的婚礼。但是，当她穿着自己认为很漂亮的礼服来到朋友婚宴上的时候，丈夫却在众人面前指责她说：“你腰上的肉这么多，穿上这件紧身的衣服像包粽子一样，难看死了。”

这位太太听后很受打击，发现周围人的目光都朝他们看过来，太太愤然地离开了婚宴，此后再也没有穿过那件衣服。

说话需要注意场合，在不同的场合要采用不同的说话方式。在社交场合，即便别人出现了错误，或者做错了事，也不要直接点明，这样很容易让对方在众人面前丢脸。俗话说：“人活一张脸，树活一层皮。”没有哪一个人在众人面前丢脸会感到无所谓，也没有哪一个人希望自己成为众目睽睽之下的笑柄。如果你不分场合地批评对方，你说的话不仅不会让对方接受，反而会让人对你产生反感。

圣诞来临之际，一家公司提出要举办一次圣诞晚会。在那天的宴会上，公司邀请了很多有生意往来的合作伙伴。参加宴会的员工，无论职位高低，都穿上了十分得体的晚礼服。

突然，业务部的主管发现，他手下的一位职员居然穿着一件很普通的衣服进来了，他有些生气地走到这位职员面前说：“你怎么穿这样的衣服来了？”虽然主管的声音不大，但依然有人听到了。

“之前准备好的礼服出门时不小心洒上了饮料，所以就……很抱歉。”

“那你就穿这样的衣服来吗？”主管不高兴地看着职员说道，“公司的脸都让你丢尽了。”面对出言如此强势又不给人留面子的主管，本来就感到很尴尬的职员此时更是无地自容。

“要么马上出去换一件回来，要么马上离开这里，不要继续留在这里丢人现眼。”主管毫不客气地说道。职员只得狼狈地离开了晚会。

自尊心人人都有，在公众场合毫不掩饰地被批评，大多数人都难以接受。那位主管在众目睽睽之下直接批评自己的下属，这显然是一种不理智的做法，这不仅引起下属的反感，其他人见此也会对这位领导产生微词。所以，即使你的批评是正确的，也要选择合适的场合。

批评员工时，一定要避开公共场合，最好选择单独谈话的方式。只要能让对方意识到自己的错误就好，没有必要当着他人的面进行批评。给对方留有余地，也是在为自己树立威信，这会让下属对你心存感激，心生敬意。

004

[不要以上位者的姿态横加指责]

张浩是一家工程公司的安全协调员，他的主要工作任务就是时刻提醒在工地工作的员工要戴好安全帽。一旦发现有人没戴安全帽，他就会摆出一副高高在上的姿态，然后用官腔严肃地批评他们不遵守公司的规章制度。员工们虽然表面上赔笑脸，嘴上说着改，但心里对他厌恶极了，当他转身离开后，员工们又故意将安全帽摘下来。

很多员工都存在这种现象，于是他开始反思，改变了工作态度方式。后来，当他再发现有员工没有戴安全帽时，就关切地问他们是不是帽子有什么问题，是不舒服，还是不合适？然后非常善意地提醒大家，安全帽能够保护自己不受伤害，建议大家在工作时一定要时刻记得戴安全帽。

尔后，大家都主动戴安全帽，原来的抵触情绪也都随之消失了。

从心理学角度来说，批评与被批评的过程，就是批评者与被批评者在思想、感情上认同与交流的过程。在批评过程中，批评者越是尊重对方、理解对方，那么，被批评者就越容易接受他的意见，而且一丝抱怨也没有。当你批评他人的时候，充分尊重他人、懂得维护他人的自尊心、照顾到对方的颜面，话语温柔，不带有刻薄或者挖苦的口吻，不摆出一副高高在上的姿态，能够站在对方的角度为他人着想，不自以为是，那么，对方就会欣然接受你的批评，认识到自己的错误，肯定你的建议。一个人在批评他人的时候越是能尊重、理解对方，他的批评也就越客观。所以说，尊重、理解是批评他人的一把“利剑”，它能使忠言不逆耳、闻过亦不怒。

而有的领导总是误解批评的含义，将批评转化成发泄自己内心的不满。批评是使对方能够更好地纠正错误、完善自己，如果你将批评转化为情绪的发泄，那么批评的味道就变了，就带有一种恶意。同样的道理，由于你批评对方的方式不同，被批评者在接受批评时自然也会产生两种截然不同的结果：一种是马上认识到对方是在替自己着想，是友善的批评；另一种则是内心反感，马上皱起眉头，怒视对方，认为对方把自己当成了“出气筒”，是恶意的批评。产生的结果不同，自然，对方接受的程度也会不同。

一天，马主任满脸怒气地走到秘书小李跟前，“啪”地一声，将一份报告摔在秘书小李的桌上，办公室里其他同事立刻被响声惊动，齐刷刷地朝小李这边看。看着其他员工都有点儿震惊，马主任觉得正好可以借此机会对其他人也做一个警告，于是大声训斥道：“你看看你做的什么东西？都工作好几年了，写出来的是什么报告？空洞乏味！交给上层领导，领导会怎么想？肯定会认为我手下的员工办事不力，能力有问题。以后写东西的时候多思考，别天天得过且过的！”说完，转身就走了，小李被晾在那里，十分尴尬。

这件事情之后，马主任原以为下属的工作效率会提高很多，但是恰恰相反。大家看到他都急忙躲避，他布置工作的时候，大家也总是以没有时间或者手头正忙为借口推辞掉。慢慢地，马主任意识到自己的做法是不明智的。

有时候，批评之所以不能达到目的，主要就是出于两个原因：一是批评者没有了解对方出现错误的原因，贸然批评对方，如此很容易让对方感到心里委屈；二是批评者不得其法，批评时带有权威性，摆出一副高高在上的姿态，引起对方的反感。

在工作中，领导批评下属的时候，下属的第一反应就是保护好自己的尊严。此时，如果领导没有觉察出下属的这种心理，而是以权威者的姿态自居，对其横加指责，那么下属自我保护的倾向就会更强烈。这个时候，你的批评不仅不会起到作用，反而还会让人心生厌倦，事与愿违。所以，在批评他人时，一定不要只顾着宣泄自己内心的不满，还要照顾到他人的自尊，既要得理也要让人。

有位文学家在作品中曾写道："害人的舌头比魔鬼还要厉害，上帝意识到了这一点，用他那仁慈的心，特地在舌头外面筑起一排牙齿、两片嘴唇，目的就是让人们在开口讲话之前要通过大脑，深思熟虑后再说，避免出口伤人。"批评如同一把利剑，既可以拯救一个人，也可以杀害一个人。它是批评者站在一定的高度，一个公正的立场，通过一定的方式对他人或者一些事情进行论证的过程，它需要批评者具有严谨而有力的逻辑思维，不能随意草率。

领导者不要拿着"批评"当利剑，不要发现下属出现了问题便怒气冲冲地直面批评，一定要先搞清楚批评的原因，再考虑如何批评，采取什么方式批评，不能总是先考虑自己的利益和情绪，也要考虑一下下属的想法，要让对方感到你对他说的话是善意的劝导，而不是批评，心甘情愿地接受。

005

[运用委婉暗示，巧妙地批评]

有一位父亲酷爱赌博，每天都赌到半夜才回家，而且他的手气又很差，如今家里已经被他输得家徒四壁。面对如此爱赌博的父亲，女儿和儿子终于忍无可忍了。

一天，当父亲又去赌博时，儿子气冲冲地进了赌场，掀翻了赌桌，但是这种激烈的做法并没有让父亲戒赌，事后，父亲依然大摇大摆地走进赌场。

女儿看到这种情形后，并没有采取哥哥那样过激的做法，而是静静地走到父亲跟前说："在学校里，老师教导我们要尊敬师长，孝顺父母，听父母的话。尊敬师长，我可以得到老师的表扬，还能得到小红花，但是，听父亲的话，我又能得到什么呢？"女儿的话一说，父亲羞愧不已，马上搂着女儿离开了赌场。

两个孩子都希望父亲戒赌，但是做法不同，收到的效果自然也不同。女儿之所以能让父亲走出赌场，是因为她运用了暗示之法，不直截了当地指出对方的错误，而是从侧面切入，委婉地表达出自己的真正含义，表面上虽没有说出本意，而含义却潜藏其中，一听即懂，对听者的影响更为深刻。

《呻吟语》中说："指责他人之过，需要稍作保留。不要直接地攻讦，最好采用委婉暗示的譬喻，使对方自然地领悟，切忌露骨直言。"诚然，生活中很多的话其实不需要特别直白地说出来，有时候采用暗示代替直言，既不会影响彼此之间的关系，又能很好地传达自己的意思，一举两得。对员工的批评也是如此。

职场中，有的领导一旦发现下属出现问题，总是直言不讳，甚至当头棒喝，这样做不仅会伤害下属的自尊心，还容易激起下属的反抗之心。暗示批评法却能有效地避免这些问题，巧妙地暗示下属的错误，不仅不会使下属对你产生抵触情绪，而且还会欣然接受你的批评并且迅速改正。

某公司招进来一个很有才华的大学生，由于工作业绩突出，这位大学生傲慢十足，时间一久，搞得人际关系十分紧张。领导觉察到这个情况之后，认为应该与这位大学生说一下这种情况。但是，如果直接找他谈这件事，性格高傲的大学生肯定觉得挂不住，怎么办呢？思前想后，领导想到了一个好办法。

一天中午吃饭，领导端着餐盘走到大学生的桌前与他一起吃饭。

领导说:“我朋友的公司里有一个年轻人工作能力非常棒，业绩突出，但就是有些傲慢，瞧不起人，身边的同事都对他有些看法。后来在一次民意测验中，他的分数最低，他得知结果后感到继续留在那里难以生存，想要调走，找我的朋友谈话。我的朋友很惋惜地对他说，‘你本来是一个能力很突出，也很有发展的小伙子，就是因为太傲慢了，不善于交际，结果影响了自己的发展，太可惜了。’”

讲完这个故事，领导也吃完饭了，便转身离开了。大学生却陷入了深思。

从此，他主动和同事打招呼，与同事一起聊天。很快，他与同事之间的僵化关系改善了很多。

这位领导既没有伤害到大学生的自尊，还给了他一个善意的提醒，这就是一次不错的暗示批评。

人是十分看重自尊和荣誉的，生活中，很多人之所以不愿意接受对方的批评或者建议，主要是因为他们担心会伤害到自己的自尊和荣誉。所以，在职场中，当领导想要指出下属的错误时，不妨运用委婉的暗示方式。这样，对方就不会觉得有失面子，你的忠言会更顺耳，对方也更容易接受你的批评和建议，反而更能达到使其改正错误的目的。

006

[温情的语言胜过无礼的谩骂]

一天，一个年轻人在一处禁用的水库中洗网。年轻人洗得正起劲，发现一个警察向他走来了，年轻人心想，这下可糟糕了，非得挨骂不可。

然而，出乎意料的是，警察走到他跟前后，不仅没有大声责怪他，反而非常友善地对他说：“小伙子，你真是会选地方啊，这个水库中的水非常清澈，但是，也许你还不知道，这里是上游，下游的河水都是从这里流出的。”

警察这样一说，这位年轻的小伙子不好意思地低下了头，他诚恳地向警察道歉，然后离开了。

这位警察没有怒气冲冲地大声训斥这个不遵守规定的年轻人，而是耐心地告诫了他，还为他的错误做法找出了脱责的理由，为他的批评增添了一丝温情。

有一则寓言讲到风和太阳相约进行一场比赛，看谁能使穿着外衣的路人脱掉厚厚的衣服。风下大力气使劲地吹，路人不仅没有脱掉衣服，反而将衣服裹得更紧了。接下来，太阳上场了，它缓缓地散发着自己的热量，晒得行人身上暖暖的，不一会儿，行人就脱掉了外衣。这则寓言告诉世人，温暖的阳光更胜强劲的风力，温情的语言更胜过无礼的谩骂。

正所谓，春风拂面的语言人人都爱听，批评也是如此。愤怒式的谩骂只会让你一无所获，但如果你在其中加入一些温情，那么你说的话就会进入对方的心里。所以，懂得批评之道的人，即使批评他人，也能做到将温情加入其中，使人乐意接受。

小王是一家财经企业的编辑，每天审阅很多的稿件，这些稿件都是由自己的助手小斌审阅过后再给他批阅。

小斌是个刚刚毕业的大学生，在公司做起事来一丝不苟，深得领导赏识。因为企业是做财经的，每天都有很多稿件要核对数字，一点儿也不能马虎。小斌虽然是男生，却比女孩子更加细心。小王对小斌很信任，只要是小斌审阅过的稿子，小王都会批阅通过。

但是这几天，小王发现小斌总是闷闷不乐的，做起事来没精打采，他拿起这几天批阅过的稿件，发现出现了很多的低级问题。小王没有在办公室内批评小斌，而是等到下班把小斌叫到办公室，说道："小斌啊，你看看这个稿子，这么简单的问题都出现错误，是不是最近比较累？我看你都有黑眼圈了。"

小斌支支吾吾的，小王接着说："你知道的，我在办公室都没有什么架子，完全把你们当做自己的兄弟姐妹，有什么问题就和我说吧。”

小斌顿时像泄气的气球，说出了最近的状况。原来是小斌的母亲生病了，需要一笔手术费。小斌是贫困家庭的孩子，双亲供养他上完大学已经不容易了，哪有钱去给母亲治病呢？

小王了解后，就给小斌预支了3个月的工资，帮助小斌渡过了难关。小斌对小王的帮助很是感激，在小王的帮助下，小斌又重新开朗起来，工作也更加努力。

人难免会犯错，作为领导者，一定不要将批评的语言变得尖刻，多加入一些温情的语言，说一些“我知道你一定感到很自责”“没关系，以后慢慢来就好了”“有时间，我们一起坐下来分析一下出现错误的原因”等等，如此才更容易达到批评的目的。

同时，在指出他人的过错时，“笨蛋”“能力太差了”“我当初怎么就把你招来了呢”等类似攻击性的语言都要避免。此外，那些“你总是……”“从来就没有……”等对他人抱有成见或者一棍子打死的字眼也不要出现，这样不仅影响你在员工心目中的领导形象，而且你的批评也会失去公允。

诗人泰戈尔在《飞鸟集》中说：“不是锤的打击，而是水的载歌载舞，才使鹅卵臻于完美。”柔能克刚，滴水可以穿石，似水柔情可以胜过千钧之力，批评不在于声色俱厉，而在于能将自己的感情与道理相结合。

007

[将批评藏匿于幽默之中]

有一位作家应某所学校的邀请，给学生们做一次演讲。但是，演讲的时间安排在下午的第一节课，此时正是学生昏昏欲睡的时间。

当作家走上讲台的时候，首先说道：“在这样一个炎热的夏天，又在这样一个闷热的午后，让大家听我这个老头儿讲话，相信大家一定很想睡觉。不过，我不会在意的，请各位放心地睡，美美地睡。但我有两个要求，第一，睡觉姿势要优雅，不可以趴在桌子上；第二，不许打呼噜，以免影响到其他同学。”

作家说完，大家哈哈大笑起来，睡意都消失了。

把批评隐藏在玩笑背后，可以有效放松被批评者的紧张情绪，引导被批评者自行思考，既能轻松愉悦对方的心情，又可以达到教育他人的目的。善于运用幽默的方式批评他人的人，被批评者不仅不会反感，反而会喜欢亲近他们。但是，需要注意的是，想要达到幽默批评的效果，玩笑就要注意分寸与尺度。

幽默不同于搞笑，搞笑的事情不一定就是幽默的，幽默可以让人反复回味，值得一想再想。好的幽默更会让人拍案叫绝，在捧腹大笑的同时更会对你竖起大拇指。

中国现代著名语言学家林语堂曾说：“幽默是由一个人旷达的心性中自然而然地流露出来的，其语言中丝毫没有酸腐偏激的意味。其实油腔滑调和矫揉造作，虽能令人一笑，但那只是肤浅的滑稽笑话而已。只有那些巍巍荡荡、朴实自然、合乎人情、合乎人性、机智通达的语言，才会虽无意幽默，但却幽默自现。”

所以，对于领导者来说，批评他人要幽默但不滑稽，幽默中夹杂着智慧，可以化解直接批评所带来的尴尬与窘迫，用幽默引发员工的思考。

在一次总结大会上，一位领导谈到了上半年以来员工的工作现状：“春眠不觉晓，上班睡觉了；夜来K歌声，睡觉知多少！”

然后，这位领导又讲到了当今这种工作现状，如果继续持续下去会出现怎样的局面：“白日依山尽，工作丢掉了；饭碗失去了，老婆也没了。”

这两首诗一经说出，全场发出了笑声，但笑声之后，大家陷入了沉思中。此后，员工都努力工作，少了许多“瞌睡虫”。

批评是严肃的，但是，这并不妨碍将一些幽默的语言加入其中，这不仅可以使批评妙味横生，还可以使批评令人印象深刻、意味深长。所以，很多高明的领导者在批评员工的时候都会选择一种有趣的方式，把批评隐藏于幽默之中，而不是直言直语。

批评往往就是刹那间的事，也许仅仅几句话就可以将问题解决掉，但是造成的后果却没有那么简单。勃然大怒、严厉斥责，就可能会导致下属情绪混乱。但若能在批评的时候添加一些玩笑佐料，以温和俏皮的方式点到被批评者的要害之处，委婉而不伤对方的面子，那么对方就会愿意听，你的批评也会锦上添花。

第二章

谁都渴望得到他人的赞扬

人性最深切的渴望就是获得他人的赞赏。那么，领导者如何表扬下属是其需要掌握的一门艺术。当领导者发现下属的闪光点时，能够及时准确地做出表扬，就可以增强员工的荣誉感，激发下属工作的积极性。由此可见，赞美是一门学问，只要运用得当，恰到好处，就可以事半功倍。

001

[赞美奖励能激发员工斗志]

罗斯福总统下肢瘫痪，克莱斯勒公司为他专门制造了一辆汽车。工程师将汽车送到白宫，罗斯福总统立即眼前一亮，脸上露出了微笑。他说："这太让我感到不可思议了，我只要简单地按一下按钮，车子就会自动来到我的身边，真是太神奇了！"

罗斯福总统当着所有在场朋友的面赞扬道："我非常感激你们花费时间和精力为我研制出了这辆车，你们真是太了不起了！"

一句恰当而贴切的赞美之语对员工来说是一种极大的鼓励，也是上司送给下属的"虚拟奖金"，这种奖金无须花费一分钱，但能让员工忘记辛劳，以昂扬的斗志奋战在工作中。这就是赞扬的神奇功效，那么，为什么赞扬会对下属产生如此神奇的力量呢？

美国心理学之父威廉·詹姆斯指出："人类的本性上最深的企图之一是期望获得赞美、钦佩和尊重。"期望得到赞美是每个人内心深处的一种愿望。每个人都希望自己的成绩或者优势得到别人的赞同，即便这种渴望在他人的眼中带有一些虚荣的成分。然而，人人都喜欢听赞美的话，对于员工来说更是如此。

当今，一些领导者在追求高额利润的时候，总是将员工视为赚钱的工具，喋喋不休地要求员工加班加点地工作，却忽视了给予员工一定的精神奖励，结果使得员工产生抵触心理，不仅没有提高反而降低了工作效率。对此，美国著名管理学家托马斯·彼得斯呼吁说：领导者怎么可以一方面歧视和贬低员工，一方面又期望他们努力工作，提高产品的质量呢？对于一个企业来说，这样的领导者是不称职的，这样的企业也是难以长存的。

也许，从领导者的角度来说，一些员工做出的成绩相对于整个公司的发展是微不足道的，但是，如果你能在他们取得一点点成绩就大方地给予真诚的赞美，这对他们来说无疑是一种激励。在得到赞扬之后，他们的心中会产生奇妙的变化，体验到自己的工作是有价值的、有意义的。在这种良好心态的驱使下，自然会做出更大的成绩。

所以，聪明的领导者会一边让员工努力工作，一边想方设法地赞美员工。当员工的业绩出现提升时，领导者会及时给予他们最渴望的赞美。员工发现自己做出的努力得到了上级的认可，将继续以饱满的热情投入工作中。

玫琳凯·艾施是美国玫琳凯化妆品公司的创办人，她凭借自己的管理智慧创建出了令人称赞的领导之术。在工作中，她经常对员工赞美，“好极了”“非常棒”就是她经常对员工的简单赞扬。当员工做出好的成绩时，玫琳凯会送出高价位的奖品。虽然这些奖品价格不菲，她却认为普通的彩带才是最珍贵的奖品。只要有员工做出成绩，她就将他们请到领奖台上，让员工们为他们欢呼，认可他们所取得的成绩。

玫琳凯将其称为“赞美使人成功”。她从多年的管理经验中总结出，没有人不希望别人肯定自己，也没有比赞扬更能激发员工斗志了。所以，只要员工做出成绩，即便是微不足道的，也要让员工知道你欣赏他们的表现，要对他们进行赞扬，他们就会更好。

如果将你与员工的位置调换，在你取得成绩的时候，你也同样希望能够得到领导的赞扬，这种赞扬不仅流于表面美丽动听的语言，而是在更深的层次上对员工做出贡献的一种肯定与认可。所以，当员工在企业中取得成绩时，一定不要忘了给予对方赞扬，这不仅是员工渴望得到的，也是领导者必须要做到的。

在管理中，赞美是一种很容易收获人心的“怀柔”策略。一旦你能够做好这一点，即便是那些自信心十足或难以管教的“刺头”员工也会发生变化，被你的“怀柔”策略“收服”，调整心态、积极工作，使公司的员工形成强大的合力。所以，一个充满人性化的公司决不能缺少赞美的声音，这种赞美会促使员工更加认真而努力地工作，进而带动企业的发展。

002

[赞美要立足事实，恰如其分]

马良是一家公司的翻译，他听说外国人都特别喜欢听到赞美的话，尤其是女士，她们不仅希望对方夸奖自己美丽，还十分希望对方夸奖自己气质独特。

一次，在与朋友喝咖啡的时候，旁边坐着一位身材肥胖的外国女士，马良走上前，对这位女士赞美道："女士，你真是太美丽了！"

然而出乎意料的是，这位女士十分生气，恶狠狠地说道："先生，您是因为太久没见到女性而不知该如何说话了吗？"

赞美他人不只是动动嘴，说几句对方爱听的话，就能顺理成章地达到目的。被人赞美是一件让人感到高兴的事情，但是如果赞美不注意分寸，言过其词不仅起不到很好的效果，反而会让人生厌，违背赞美的初衷。所以，赞美一定要恰如其分，不要无限夸大。

不恰当的赞美就如同为他人选了一件不合适的衣服，不仅不会赢得对方的好感，而且还会让对方不快、生厌；而恰当的赞美如同送给对方一块糖，让人吃在嘴里，甜在心里。

恰如其分地赞美不仅能够让赞美听起来悦耳，而且还会让对方意识到你足够在意他，了解他。所以，恰如其分地赞美可以为对方带来被在乎的满足感，你也会因此而获得他人的好感，成为一个受欢迎的人。

经过了一个月的加班加点，一位下属终于攻克了技术难关。

领导十分高兴，于是赞扬道："在我们公司中，至今还没有几个人能攻克这种难关，不错。世上无难事，只怕有心人。这位员工的工作精神认真、务实，他是公司的楷模，你们以后多向人家学习学习。你看人家，没事就做研究，你们呢？没事就会闲聊，所以你们一直都做不出成绩。好好反思吧。"

其他员工听后，你看看我，我看看你，互相无奈地摇摇头。

这位领导说的赞扬之语，前半部分是真诚的，但后半部分就有些浮夸了，而且为了彰显对一个人的赞扬，将其他人的努力置之不理，自然难以产生良好的效果。

在企业中，领导对下属给予夸张或者脱离实际的赞美，容易使员工产生盲目自信、自以为是的心理，总是认为自己的能力是多么的优秀，别人都赶不上自己，孤芳自赏，结果不求上进，影响了进取心。不仅如此，这种浮夸的赞扬还会引起其他下属的不满，容易在员工中滋生出一种不切实际的虚浮风气，使得表扬的本质发生了扭曲。因此，赞扬下属的语言一定要恰如其分、实事求是，决不可有一分成绩而拔高成五分，甚至八分，这将会降低领导者的威信。

列宁说过，真理只要向前一步，哪怕是一小步，都可能成为谬误。其实，赞美也是如此，恰如其分地赞美才会收到更好的效果。赞美的话，一定要言之有物、切合实际，不可盲目地恭维，如果你认为只要赞美的话都会引发对方的好感，这就大错特错了，脱离实际、浮夸地赞美，只会让他人感到无地自容，而且还容易闹出是非。

赞美的话人人都爱听，但说的时候一定要谨慎，既不能乱说，也不能不分对象地随意使用、任意吹捧，唯有立足事实，恰如其分，才能打动他人、愉悦他人，引起别人的好感。

003

[赞美越具体，对方越信服]

法国有位将军曾经立下赫赫战功，每次都是战无不胜。当他凯旋时，总有无数的鲜花和掌声包围着他，许多人都奉承他说：“你真是位了不起的将军啊。”或者说：“将军，你是我们的骄傲，是所有法国公民的英雄。”

大家说得这些话，他听得太多了，他对其置若罔闻。将军认为，打胜仗是一位优秀将军的分内之事，不值得如此夸耀。

后来，有一个部下看出了将军的心理，于是他对将军说："将军，你的胡须真漂亮，就像一片茂密的森林。"将军听了之后哈哈大笑。

托尔斯泰说："就是在最好的、最友善的、最单纯的人际关系中，称赞和赞许也是必要的，正如润滑油对轮子是必要的，可以使轮子转得快。"要想获得良好的人际关系，就要学会不失时机地赞美他人。当然，赞美应该发自内心，同时应该注意赞美对方的具体行为和变化，而不要很笼统地夸他优秀、夸他好。

如果你只是含糊其辞地赞美他说："你真是一个优秀的人。""你看你，年纪轻轻就这么能干。"这些空虚的话可能会引起对方的猜忌，还有可能造成你们之间的矛盾和误解。你在赞扬对方的时候，应该提出具体的内容，假如只是奉承话，对方听了，很可能不当回事，如果是具体的赞美，那么一定会给别人留下好印象。

抽象的东西很难有确定的范围，也很难给人留下深刻的印象。赞美的话，应该让人记忆犹新。赞美别人时，应该从具体的事物入手，也可以深入细致地挖掘对方不太明显、处于萌芽状态的优点，这样更能发掘其潜力，增加其价值感，你所赞美的作用才会放大。

有一次，卡耐基在纽约的一个邮局里排队等待发一封挂号信，他发现邮递员工作时并不是很高兴，称信、递邮票、找零钱、分发收据等等这样的工作，一天一天单调地重复着。

卡耐基对自己说："我要试一试，让那个邮递员喜欢我，我得说一些关于他的有趣的事情。"于是，卡耐基又问自己："可是他有什么可以让我称赞的呢？"这不是一件容易的事情，况且对方还是一个自己不怎么熟识的人。卡耐基看了邮递员半天，终于在他身上找到值得称赞的地方了。当邮递员称卡耐基的信时，卡耐基很热忱地说："我真希望像你一样有这样一头好头发！"

邮递员听到这话，把头抬了起来，他脸上先是露出惊讶的神情，然后露出了笑容，对卡耐基很客气地说："没有以前那样好了！"卡耐基很确切地对他说："或许没有过去有光泽，不过现在看来，依然很好看。"邮递员非常高兴，他们又愉快地谈了几句，最后，他对卡耐基这样说："许多人都称赞过我的头发。"

后来，卡耐基在课堂上说道："我敢打赌，这位邮递员在中午吃饭的时候一定很高兴，会觉得饭菜比平时的好吃。"

一位举止优雅的女士对她的领导说："您今天晚上的演讲真是太精彩了。我情不自禁地想，您当一位演说家会是多么出色！"这位领导听了下属这样的夸赞后，高兴得红了脸。正如安德烈·毛雷斯曾经说过的："当我谈论一名将军的功劳时，他并没有感谢我。但当一位女士提到他眼睛里的光彩时，他却表露出无限的感激。"

我们在赞扬对方的时候，往往称赞对方的细微之处更显真情，当对方感受到你对他优点的切实了解时，你也就获得了他的信任。

有一天，快要下班的时候，小锦接到女上司打来的电话："下班后陪我逛一下商场。我想买点儿东西。"小锦当然听得出女上司在电话里的语调，虽然和气，但是平和里还是夹带了一丝命令。作为女上司的秘书，她不敢怠慢，立刻就答应了女上司的请求。

下班后，小锦和女上司一同进了电梯，她才看到女上司今天穿了一件短款套装，既典雅又时尚，不禁说道："您今天的这身衣服很素雅，非常符合您的气质。"女上司一听，马上露出了灿烂的笑容，嘴里一边说着："哪里哪里，都是以前买的，没怎么穿过，你看我这样穿行吗？"

小锦说："绝对可以，这么好看，怎么才穿出来呢，到现在才让我大饱眼福。"女上司听了小锦这么说，心花怒放。

到商场买完东西走出来时，小锦和女上司都有些沉默，可能是逛街累了。但小锦不愿意让这种沉默保持太久，于是，她又开始了对女上司的夸赞："瞧您这身段，小姑娘似的，哪像这岁数的人啊！"女上司一听，立马变得神采奕奕。

赞美别人的方式多种多样，想要达到目的，就要从细微之处下手，不要忽略对方身上每一件值得赞美的事情。和人单独相处的时候，可以赞美的东西很多，大到身材外貌，小到衣服上的一个饰品。如果你想具体地赞美对方，就必须具备必要的观察力，如果你没有洞悉对方优点的能力，你的赞美很快就会让人觉得乏味。

在赞美别人时，一定要将赞美具体化，语意模糊的赞美不会有正面的效果。例如，受到他人突如其来的赞美："你很了不起""你很漂亮""你很聪明"，你会感到喜悦吗？非但不觉得喜悦，一般人的本能反应是会问，"你为什么称赞我？"脾气暴躁的人可能会动怒，认为自己被讥讽了。

例如，用"你的字迹清秀工整，待人和气"来赞美对方，就不如说："你的字迹清秀，商业信件写得很工整，而且你待人和气，给人好的印象。"这种赞美方法是不是更好呢？遇到眼睛迷人、笑容可掬的女性，与其空泛地说"你很美"，不如说"你眼睛明亮，充满神采，笑起来很可爱"，更会使她满心喜悦。

004

[注重赞美困境中的员工]

有一个国家的国君大宴群臣，一个不起眼的官员没有分到肉，他认为这是对自己的一种鄙视，于是怂恿其他国家的国王攻打这个国家。

国君仓皇而逃。途中，他发现有两个士兵寸步不离地跟着他，便对他们说："你们还跟着我干嘛？我现在都是落难之人了，你们还是投奔其他人去吧。"

那两人回答道："我们是奉家父之命，誓死保护君王。"

这位国君很纳闷，问道："你们的父亲是谁？"

两人回答说："有一次，我们的父亲3天没有吃东西，是您给了他一碗饭，让他免受饥饿。父亲去世前嘱咐我们，如果君王有难，一定要拼死保护您。"

这位国君听后，十分感慨地说道："我因为一碗肉而落难，也因为一碗饭而得到两个忠心护主的勇士。"

这个故事说明了一个道理：仇怨，不在于大小，而在于是否伤害了一个人的心；给予，不在于多少，而在于给予的时机，雪中送炭的帮助会让人终生难忘。

生死存亡之际，米饭的意义将远远高于金块。所以，一个人要做的，并非是在别人酒足饭饱之时再给他端上一碗饭，而是在他忍饥挨饿落难之时给他端上一碗饭，雪中送炭比锦上添花意义更重大。在现实生活中，每个人都会有陷入困境的时候。这时候，如果你能给予困境中的人一些帮助，使他渡过难关，这份情谊，他会永远地铭记在心。

领导对下属的表扬也是如此，深陷困境之时的表扬远远胜过春风得意之时的表扬。因为对于那些工作顺利、升迁不断、屡次获奖的员工而言，多一次的表扬，他们不会在意；而对于身处困境、难得有人关注的员工，给予他们一次表扬，就等于帮助他们找到了人生的转折点，激发了他们走出困境的力量，这种意义是非凡的。

有一位年轻人由于没有高学历，也没有成熟的技术，找工作很困难，最后好不容易被一家公司聘用做销售。然而，当他着手开始销售的时候，才发现推销工作是如此难做。

第一天上班，他打了50多个电话，却没有一个成功，第二天又是如此……就这样，一个月过去了，看着别人都很轻松地销售成功，他很郁闷，但是，又不想放弃这份好不容易得来的工作。第二个月，现实依旧不尽如人意，他依然没有推销出去商品。他深感自己也许并不适合这份工作，于是决定放弃。

当他难为情地敲开总经理办公室的房门时，总经理看到他满脸沮丧，已经猜到了他的想法，总经理热情地请他进来，为他倒了一杯水。

他向总经理诉说了这一段时间以来的工作情况，并直言地说出自己想辞职的想法。总经理并没有劝他，而是对其称赞道："小伙子，虽然你已经来公司工作两个月了，一直没有推销出任何产品，但是你很勤奋、很敬业，凭借这一点，你早晚会成功的。"

后来，年轻人放弃了辞职的想法。那一句赞扬"你很勤奋、很敬业"深深激励着他，通过努力，这位年轻人终于打开了推销的局面，业绩与日剧增。

身陷困境的年轻人正是由于总经理在关键时刻的赞美，才重新唤起了销售的希望；总经理对他一直以来勤奋与努力的肯定，使他打消了放弃的念头，获得了最终的成功。

由此可见，在困境中，他人对自己的一个适时的赞美，能够使人重新振作起来，这种赞美产生的效果要远远高于正常状态下的赞美。因此，当领导发现员工身陷困境之时，不要指责对方工作不力、能力不好，这样只会更加打击他的积极性，加速他的失败。

没有不想做出成绩的员工，只有不懂得赞美之道的领导，所以，不要吝啬你的赞美，真诚地赞美处于困境中的员工，才能从精神上鼓励他们，帮助他们摆脱困境。

005

[背后赞美比当面赞美更有效]

《红楼梦》中有这样一段描写：

史湘云、薛宝钗都劝贾宝玉去做官，贾宝玉却极为反感，说："林姑娘从来没有说过这些混账话！要是她说这些混账话，我早和她生分了。"恰巧，林黛玉此时正走到窗外，听见了贾宝玉对自己的赞美，"不觉又惊又喜，又悲又叹。"结果两人互诉衷肠，感情增进了很多。

林黛玉认为，贾宝玉在史湘云、薛宝钗二人面前唯独赞美自己，而且还不是当面赞扬，这更是难能可贵。相反，如果贾宝玉当着林黛玉的面说出这番赞扬，那么，天生喜欢猜忌的林黛玉一定会认定贾宝玉是故意说这些话来讨好她。

当着一个人的面赞扬对方时，对方会以为你是在有意恭维他。但是，当你在背后说他的好话时，被赞扬者得知后，更会感到你的赞美是真心实意的，如此，对方也会对你产生好感，并对你心存感激。比如，你见到一个朋友，对他说："半个月前，我看见了咱们小学老师，老师还说很想你，夸奖了你好久。"

无论事情是否属实，他对老师的好感都会大大增加。

所以，背后赞美比当面赞美更具有说服力，不仅能起到激励的作用，而且还会让被赞美者意识到你的赞美是诚挚的、发自肺腑的，所以更能增强赞美的效果。

一天，一位上司与同级领导开会的时候，无意间说了几句自己某位下属的好话：“小王这个年轻人真不错，工作很认真，做事也很麻利，而且还善于与其他同事合作，能够拥有这样的好下属，真是让人高兴。”

这几句赞扬很快就传到了那位下属的耳朵里，下属心里不由得对上司感激。而上司的形象也在其他下属心中上升了，下属们在传播这件事的时候也忍不住对这位上司夸赞一番：“这真是位好领导，心胸开阔、品格高尚，实属难得。”

在生活中，我们常常会看到这样的现象：当父母希望孩子好好读书的时候，如果每天因为此事而想方设法地教育孩子，往往难以取得效果；然而，如果孩子从其他人口中听到父母对自己的期望，以及父母在自己身上倾注的心血，就会产生极大的动力。这就是借第三者实行背后赞美带来的良好效果。在工作中，领导者不妨也采取同样的办法赞美员工。

作为领导，多在第三者面前去赞美另一个人，是加强你与对方关系的有效方法之一。假如有同事对你说：“某某经常对我说，你的人品没的说！”相信你会对此感动良久。所以，作为领导的你，如果想要下属信任，就更应该采取这种在背后说人好话的方法，因为这种赞美方式比起一位年轻的女士当面对你说“先生，我一直很崇拜你”更让人听起来顺耳，会被人认为是发自内心、不带私人动机的赞美，更容易让人相信它的真实性。

赞美是每个人的一种心理需求，也是对他人尊敬的一种体现。时机合适的时候，不妨采取背后赞美的方式，这会使你的赞美效果大增，更有说服力。

006

[及时赞美，带来最佳情绪体验]

“妈妈，今天跳绳比赛，我得了第一名。”球球骄傲地对妈妈说。

“和谁跳绳啊？为什么跳绳啊？”妈妈心不在焉地问了一句。

“今天上体育课，老师让我们比赛跳绳。我跳得最多，老师还夸奖我呢，让其他同学都向我学习，多做运动。”球球高兴地说道。

“哦，是这样啊。饿了吧？快来吃饭吧！”妈妈似乎根本没有在意球球的话。

见妈妈没有夸奖自己，球球有些沮丧，闷闷不乐地坐下来吃饭，他不明白为什么自己跳绳得了第一名，妈妈却不高兴。

每个人都渴望得到他人的赞扬，孩子似乎更加迫切一些。当孩子取得了好的成绩，或者做出了超乎大人想象的事情的时候，父母应当给予孩子及时的赞扬，这更有利于孩子积极性的发挥。然而，生活中，有些父母经常在孩子不需要夸奖的时候给予了过多的夸奖，而在孩子渴望得到夸奖时，他们又态度冷淡。结果，让孩子心灰意冷又无所适从。

赞美是对他人某种行为的反馈，反馈只有及时才会发挥作用。一个人在考试结束之后，或者工作完成之后，总希望快一点儿看到考试结果或工作成果，因为只有通过这种反馈信息，才能对自己的情况更加了解，对以后的方向有更深一步的预知。所以，作为领导者，要了解下属的这种心理，当他们做出成绩时及时赞扬，帮助他们做出准确的反馈。

一家初创的公司在技术方面遇到了极大的困难，如果这种技术困境难以突破，企业后续的发展都会遇到问题。

正当公司经理为此愁眉不展时，一位员工拿着他的设计方案高兴地走进经理办公室，并讲述了他的设计方案。经理马上意识到他的构思很有创意，对公司突破现今的困境有极大的帮助，于是想马上对其进行嘉奖。但是，他在办公室里找了好一会儿，也没有发现可以作为奖品的东西。最后，他在桌子上发现了一个 Zippo 打火机，然后快速地拿起 Zippo 打火机对他说："这是给你的奖励！"

假如这位经理看到员工的技术想法之后说，我现在没有什么东西奖励给你，半个月之后再说，两种方式的奖励，哪一种对员工的激励作用更大呢？答案自然不言而喻。奖品虽然普通，却说明了那位员工的工作在第一时间得到了领导的认可，员工也会因此而深受感动。

如果有人问：为什么自己的奖励对员工没有起到任何作用？原因之一，可能就是奖励没有第一时间让员工感受到。例如，在公司上半年的工作中，有一位员工超额完成了工作目标，按照公司的规定应该给予升职加薪，但是，一连几个月，职位没有变化，工资没有浮动，一切照旧，直到年底的时候才想起来给这位员工升职加薪，虽然公司实现了承诺，却是一份迟到的承诺，员工早已对它没有了期望。所以，公司虽然花了钱，激励作用却大打折扣。

有一项专门的调查显示，及时给予鼓励将会产生 75% 的积极效果，而迟到的鼓励产生的效果可能不足 25%，甚至会让人气馁，从而降低工作的积极性。奖励要及时，核心在于"快"，换句话说就是要抓住奖励的时机，只有这样才能让你的员工在第一时间认识到自己的成绩，同时对其他员工起到一个鞭策的作用，进而调动大家工作的积极性，提高工作效率。物质奖励是这样，精神奖励——赞美也是这样。

心理学家斯金纳说，一个领导者想要对员工产生强大的诱导力，就必须在员工值得夸赞行为发生之后及时地对其进行赞扬。这是一个领导者管理员工的一项重要技能。因此，对于领导者而言，要学会及时地赞美员工。不仅领导应该如此，每一个人均应如此，当你发现他人值得赞扬时，一定要及时地给予称赞。

007

[激发下属超越自我的欲望]

一个小男孩长得很瘦弱，和同龄的孩子相比，他的个子要矮很多，但小男孩又不肯好好吃东西，总是挑食，母亲为此很操心。

以前，她常常因为吃饭而斥责孩子，但是，她发现，即便自己叽里呱啦说了很多，孩子依然不吃饭。后来，母亲意识到自己的做法是错误的，于是，她开始反思：“孩子想要什么呢？如何才能把自己的需要与孩子的需要联系起来呢？”

小男孩有一辆遥控车，他经常拿着遥控车到门口玩，邻居家有一个稍大一点儿的小男孩总是喜欢欺负比自己小的孩子，当小男孩拿着遥控车出去玩时，他经常从小男孩手中夺走遥控车，自己拿着玩。有一天，一个长得高的孩子帮助男孩拿回了遥控车。这一次，小男孩没有哭着跑回家找妈妈，而是笑着对妈妈说：“妈妈，等我长大了，也要像哥哥一样，帮助被欺负的小朋友。”

此时，妈妈想到了办法。吃饭的时候，妈妈趁机对小男孩说：“你要想像哥哥一样帮助别的小朋友，就应该好好吃饭，有了营养，你就会长得高高的、壮壮的。”

此法果然有效，男孩从此不再偏食挑食了。

一个人的欲望可能是模糊不清的，一个人的欲望也可以是清晰明确的，但无论怎样，欲望确实在每个人的心目中存在着，支配着人的行动。

奥弗斯德教授在他的著作《影响人类的行为》一书中写道：“行动出自我们基本上的渴望……而我所能给予想劝慰他人的人——不论是在商业界、家庭中、学校里、政治上——最好的一个忠告是：首先，撩起对方的急切欲望。能够做到这点的人，就可掌握世界；不能的人，将孤独一生。”欲望的强弱决定了一个人行动力的强弱，所以，在生活和工作中，激发出他人的欲望是提升行动力的最有效方法。

员工能够积极主动地克服困难，自动自发地完成工作，无疑是领导者最希望看到的场面。想要实现它，通过表扬激发出员工超越自我的欲望，不失为一个好方法。当员工有了超越自我的欲望，就会积极主动地付出行动。

古时候，日本加藤清正家有一位觉兵卫，名字叫饭田直景，他是一位既勇猛又具有谋略的武将。但在加藤清正离世之后，宗族也被追加了爵位后，觉兵卫饭田直景却辞官离开了，过上了隐居的生活。

有一次，他和别人聊天的时候说："在我第一次上战场立功时，就目睹了许多士兵因为战争而丧失生命。当时，我心想，战争真是太可怕了，我再也不想当武士了，再也不想参加战争了。可是，当我胜利凯旋的时候，加藤清正将军竟然在全体战士面前夸赞我卓越的表现，而后又赏赐给我一把名刀，并说我具有更大的潜力，能够当上一名非常优秀的将军。此时，我的欲望更加强烈了，我想我一定能像加藤清正将军一样。后来，每次上战场，我都勇猛杀敌，立下了无数战功。现在想想，清正公真是会利用人啊，他正是巧妙地利用了我的欲望。"

一个有勇有谋的勇士，面对战争会害怕，产生不想当武士的想法，却被加藤清正给自己的表扬激发出的欲望，扼杀掉了退却的念头，转而打算成为一名将军，为清正公效力一生。不得不说，加藤清正是一个高明的领导者，他的激励留住了一个勇猛而有谋略的武士。

在职场中，会激励下属的领导，他们部门的业绩永远是非常出色的。当一个人听到领导的激励时，心中总是十分兴奋，脸上露出喜悦的笑容，口里说："我真的有那么厉害吗？我的能力真的那么强吗？领导是不是夸过头了呢？”即使事后冷静地回想，明知领导所讲的不一定就是真实的自己，却还是抹不去心中的那份干劲，告诉自己一定要成为那样的人。这就是激励所产生的重要价值。

人的欲望一旦被激发出来之后，就会不断积极努力，在此基础上，即便领导下达怎样难以完成的工作任务，他们都会爽快地答应下来，而且能够很好地完成。所以，领导者在平时要懂得用表扬激发下属的欲望，帮助他们不断超越自我。

008

[不用批评而用荣誉管理员工]

一代传奇人物拿破仑具有高明的统帅和领导才能，他非常重视激发军人的荣誉感，十分懂得赞美。他主张对军队“不用皮鞭而用荣誉来进行管理”。他认为，如果一个人在战友面前受到体罚，他是不会愿意为你誓死效命的。为了极大地激发士兵的荣誉感，拿破仑从不吝啬赞美，对每一位在战场上立功的士兵，他都会给予嘉奖，而且还会召开军事会议，在全体士兵及长官面前给予表扬，以此来激励士兵为荣誉而勇敢战斗。

荣誉激励是人的一种心理需要，每一个人都希望实现自我价值，在企业中，这种意识更加强烈，所以，对于那些为企业做出突出贡献的员工，领导者就应当适时给予荣誉激励，并将这种荣誉以特定的形式固定下来。这样既能对那些已经获得这种荣誉的员工起到鞭策作用，也树立了榜样，还可以帮助其他员工树立奋斗目标。

美国的员额有限公司之所以在短时间内取得迅速的发展，生意越做越好，快速成长为一家大公司，很重要的原因就是这个公司办有一份深受员工喜爱且重视的刊物《喝彩·喝彩》。

每个月，《喝彩·喝彩》刊物都会提名和刊登为公司做出出色成绩员工的照片，以示对他们的表扬。不仅如此，每年8月的时候，这个公司的庆功会也是别有一番趣味。公司100名受表彰的员工来到科罗拉多州的维尔，然后坐着架空滑车来到山顶，在山顶举行领奖仪式。庆典中，员工们欢喜异常，堪称是一次狂欢庆典。庆典结束后，整个公司还要为全体员工播放从头到尾摄下的庆功会全过程。做出卓越成绩的员工是庆典中最受欢迎、最开心和最受重视的中心人物，每个人都为他们喝彩，以此来激励和鼓舞全体员工奋发向上。

上面这个故事，公司的领导者十分重视运用荣誉激励的方式，激发员工的工作热情与积极性，从而大大提高了工作的绩效。

美国经济学家罗宾斯通过研究发现，人力资本价值=工

作热情 × 工作能力。简单来说，在公司中，如果一个员工没有工作激情，那么，他就难以为公司创造出价值。著名人物比尔·盖茨有句名言：“每天早晨起来，一想到所从事的工作和所开发的技术将会给人类生活带来的巨大影响和变化，我就会无比兴奋和激动。”这句话阐释了他对工作的激情。那么，是什么让他具有如此大的工作激情呢？就是工作对他的激励。想要让工作对员工起到激励作用，荣誉管理必不可缺。

荣誉意味着贡献。当获得荣誉时，员工会体会到自己对公司的价值，自信心会增强，促使他们怀有满腔热情地为公司工作。因此，领导者需要设置荣誉管理机制，通过满足员工的荣誉感，调动员工的积极性，为公司的发展创造最大价值。

第三章

缺乏调解能力的人当不了好领导

有人说，缺乏调解能力的人难以当好领导者。是的，在工作中，虽然领导者具有指挥下属的权力，但权力无法控制人的意志。当下属不甘愿服从你的领导时，矛盾就会产生。并且，随着人们自我意识的提升，下属与下属之间的矛盾也日益复杂化。因此，如何借助各种方法促进团结，有效调节矛盾，是现代领导者应当掌握的一门沟通艺术。

001

[如何处理员工间的争强好胜]

一头牛和一只驴居住在同一个房间里，牛的话很少，只是踏踏实实地干活；驴的工作做得没有牛多，干活也有些毛躁。牛非常讨厌驴得瑟的样子，但它从来不会直接说出自己对驴的不满，总是在心里骂几句解解气就算了。

有一天，牛发现主人多给了驴一些口粮，很是生气，心里骂道：这个懒鬼，一天天不做什么工作，还要吃这么多，我天天跟着主人干活，结果还不如它吃得多，真是让人生气！而此时，旁边的驴心里也在犯嘀咕：我一天天跟着主人出去割草，还要拉一大车的草回家，回来之后却还要跟这头笨牛一起吃饭、一起住，真是憋屈死了。

于是，驴十分生气地对牛说："蠢牛！这些草都是我辛辛苦苦拉回来的，你能不能少吃点儿。"牛本来就在生气，听了这话更生气了，它说道："既然草是你拉回来的，那你就天天吃草吧。这些苞米都是我跟着主人辛辛苦苦种出来的，连化肥都是我施的，那这些苞米你就别吃了。你吃你的草，我吃我的苞米，这样可以吧？"

驴生气了，上去踢了牛一脚，牛也生气了，心里积蓄已久的怒气似乎瞬间暴发出来，对着驴顶了过去。二者你踢我，我顶你，打了起来，结果两败俱伤。

晚上的时候，主人发现了它们的伤，了解到事情的原委之后，耐心地劝导了它们，并分别说出了驴与牛各自的优点与不足，最后让它们以后相互合作。

牛和驴都难为情地低下了头。

中国有一句俗话“家和万事兴”，这句话不仅适用于家庭，在企业中也同样适用。无论哪一个企业，员工之间争强好胜的矛盾都是存在的，领导者面对矛盾，绝对不能视而不见，一定要想方设法加以协调。

协调是使自己管辖范围内的内部与外部环境相融合，进而实现高效工作的一种行为。协调能力从来都不是可有可无的，而是领导者必须具备的一种领导能力。因为员工之间的矛盾很难自行解决，如果领导者再对此置之不理，那么，不仅矛盾的双方会受到影响，整个团队的节奏都会被带偏。由此说来，协调的重要性不言而喻。

对于一个企业而言，领导没有良好的协调能力，企业就不能很好地发展、壮大，就不是成功的企业。加强领导的协调能力既可以使领导者本人工作起来更加顺畅，同时也可以提高员工的绩效，增强企业的凝聚力和竞争力。因此，每个领导都应当重点培养自己的协调能力。

王总对李强说："明天，新的客户部主任就到了，你们好好配合一下。"李强心不在焉地"嗯"了一声。

王总感觉到了李强心里的不痛快，说到底，李强也是跟了自己3年的老部下了，王总也想提升他为客户部主任，但是，李强计划性不好，而且调节情绪能力较差，坐这个位置并不适合，而新来的这位主任无论在计划还是在品质方面都很适合。

第二天，新主任来了，李强一看，这位新主任看起来也就30多岁，心想，这么年轻，资历也没我老，倒可安心很多。

然后，新主任开始给大家布置工作任务，他策划了一个客户计划，大家都觉得很不错，唯独李强唱反调地说道："现在这个时候，花那么大的力气做维护，有意义吗？"新主任阐述了一下自己的观点，大家也都点头表示赞同，李强却依然说道："你刚来公司，对我们的客户有多少了解？"这一番话显然具有挑衅的味道。从而，两人的"战争"就拉开了。

王总分别找他们两人谈话，提醒他们要多合作，可李强就是不听，依旧和新来的主任对着干。新来的主任情绪很受影响，工作也难以进入状态。王总夹在两人中间，感觉很为难。

在这个故事中，出现矛盾的双方是李强和新来的主任，范围比较小，此时，领导者应当运用管理之术妥善化解两人之间的矛盾冲突，而不是束手无策。

领导者可以把他们两个人叫到一起，双方进行一次开诚布公的谈话，坦诚说出自己对对方的看法，然后领导者在中间协调。如此，有利于问题的解决，而且双方也会感受到领导的一片苦心。如果矛盾双方之间的关系已经到了水火不容的地步，无论领导者说出怎样的肺腑之言都难以使两人和好，此时，最明智的办法就是分开两人，让他们在互不干扰的环境开始新的工作，降低他们相互干涉的程度。

在平时，为避免员工之间出现争强好胜的情况，领导者可以参考以下做法：

首先，要让员工明白合作是领导者非常重视的方面。其实，在职场中，像以上两位员工之间的矛盾屡见不鲜，同事之间在一起的时候甚至要多于同家人在一起的时间，所以，领导者必须要让员工意识到“合作”才是取得成绩的条件之一，单打独斗是难以赢得发展的。

其次，立场要中立。在管理中，领导者一定要一碗水端平，不要重视一方而轻视另一方，让员工感受到自己客观中立的立场，员工才会信服你，你的调和才会有效。

最后，做出最后警告。领导者可以找一个合适的机会与他们谈话，告诉他们，两人之间的矛盾已经使其他员工受到了影响，很多员工都认为现在的环境很差，如果他们不想让其他人受到牵连，就要和平共处；倘若还不能做到，只能请他们离开团队。

002

[切勿让告密之风在企业盛行]

叮铃铃，叮铃铃……闹钟响了，小狐狸背着书包来找小猫一起去学校，小猫起来晚了，匆忙地吃了一点儿早餐，没来得及洗脸就去学校了。

狮子校长和大象教导主任在门口迎接学生们的到来。小狐狸跑到狮子校长面前说："校长，校长，小猫不注意卫生，没洗脸就来上学了。"小猫听了很难为情，此后，小猫再也不跟小狐狸一起去学校了。

体育课上，小花狗不小心用球打到了小狐狸，小狐狸马上跑到校长办公室告状，校长批评了小花狗。从那以后，小花狗总是躲开小狐狸。

渐渐地，小动物们都不和小狐狸一起玩了。但小狐狸不明白为什么，于是跑去问大象教导主任，大象笑着说："孩子，每个人都会犯错误，你应该帮助它们改正，而不是去打小报告。"

小狐狸听了羞愧地低下了头。

从古至今，“小报告”之风一直盛行，古时候人们称为“进谗”，与当今人们说的“小报告”的意思基本相同。

据历史记载，女皇武则天自从徐敬业造反后，便疑心很重，总是认为天下人都想杀她。为了将不服的风气威慑下去，武则天想到了一种办法——打开告密的渠道。如果有告密的人，大肆奖赏，即便与事实不符，也不问罪。于是，四方告密之风盛行起来，导致人人自危。

无论是在古代还是在当今，打“小报告”总是让人想到“阴险”“不道德”等负面词汇。这样的人总是“十分火热”地投身于四面八方的窥探活动中，然后将其他人的举动一一记录下来，到他人面前，用自己“精彩的演说”评价此人，这样的人终究是不受欢迎的。

有的人为了达到自己不可告人的目的，往往将“小报告”打给那些有影响力的人物。而在一个企业中，“小报告”一般都是打给领导者听的，如果领导者是一个昏昏沉沉、是非不分的人，那么，冤假错案也就产生了；如果领导是一位刚正不阿、实事求是的人，那么，“小报告”也就无用武之地，团队自然一团和气。所以，作为领导者，一定要谨慎对待下属的“小报告”，切勿因此而使得企业出现不和谐的氛围。

星期一早上开完会，张经理的下属小刘敲门进去了，说要与他私下谈谈，张经理心想，他一定是遇到了什么麻烦，于是做好了倾听的准备。

小刘说，老胡太能欺负人了。在工作中，他总是将重要的信息自己独占，不给其他同事共享，而且，总是将别人在工作中做出的业绩揽到自己的头上。

这期间，张经理没有发表任何意见。

小刘最后对经理说："经理，您必须对老胡的工作作风进行处理，而且一定要在最短的时间内处理，否则，后果将不堪设想。"

经理对小刘说："你先回去工作吧，这个情况我会处理的。"

小刘走后，张经理陷入了沉思……他明白自己遇到问题了：显然，这两位下属之间已经产生了冲突，如果处理就必须让两个人都满意，否则就会进一步激化矛盾。

如果你是故事中的张经理，遇到这样的情况，你会如何处理呢？

第一，应当婉转地遏制这种背地里"打小报告"的行为，不能让这种风气蔓延。

第二，应当马上对"小报告"进行核实，不能草率地做出决定。

第三，处理这类问题一定要有结果，不能不了了之或者有始无终，如果这种"小报告"是虚构的，就容易助长诬告的气焰；而如果这种"小报告"是真实的，又会错失了对问题的及时处理，容易让员工对你产生质疑。

第四，应该想出一种好的方式，在公司中创造一种犯错后勇于认错的氛围，培养员工敢于担当的责任感，让员工自我反思、自我教育。

第五，建立信息反馈机制，而非员工告状的风气。如果员工出现了错误都去打“小报告”，这本身就是一种不健康的企业发展氛围。

虽然不能让打“小报告”之风盛行，但是也不要直接拒绝员工的这种行为，因为这也体现了员工对公司的关心，有些也能反映出公司的真实情况，所以，领导者要妥善对待。

003

[解决由于沟通不畅而出现的矛盾]

小杰5岁了，是一个功夫片爱好者，每逢爸爸妈妈休息的时候，他就会央求爸爸妈妈和他一起看功夫片。

有一天，小杰突然对爸爸说：“那个小师傅的功夫真厉害，谁也打不过他，我也要到少林寺去学功夫。”

“傻孩子，那不是真的，现在的小朋友根本没有人愿意去。”爸爸对小杰说。

“爸爸骗人，如果没有小朋友愿意去，那为什么还能在电影中看到呢？我不要去上学，我要去学功夫。等我学会了功夫，其他小朋友就都不敢欺负我了。”小杰大声地对爸爸说道。

父子两人因为此事，你一言，我一语地争论起来。

眼看着儿子有些耍小脾气了，爸爸也有些无奈，只有请妈妈出面。

妈妈问道：“你真的那么喜欢练武功吗？”

“我很喜欢练武，能打败所有的人，多威风。”小杰振振有词地说道。

“可是练武也要有文化才行啊，而且学功夫要先学习理论知识，然后才能练武，你连一年级都没有上呢，怎么能看得懂武功秘笈呢？”

小杰听后有些失望了。

妈妈继续说道：“练武功每天都要吃很多蔬菜。你要是想当小师傅，那从明天开始，妈妈先训练你一下，每天都吃青菜。”

“啊？不行，不行，我要吃肉。”喜欢吃肉的小杰马上反驳道。

就这样，父子之间的矛盾被妈妈轻松地化解掉了。

生活中总有这样或那样的矛盾，在企业中也是如此。员工之间的矛盾冲突虽是一种偶然现象，但不利于团结，也带有一定的消极影响。很多时候，员工之间产生矛盾的原因主要是他们在沟通上的不畅导致的，如果不能及时排解掉这种矛盾冲突，就容易出现不良后果。

所以，作为成功的领导者，你必须运用智慧和影响力及时妥善地解决这些由于沟通问题而出现的冲突，消除下属的不满情绪。这是稳定团队、增强团队凝聚力的保证。

福特汽车公司的一家分工厂因为管理不善，濒临倒闭。后来，总公司派去了一位新的领导者，他到任的第三天就发现了症结所在：如此大的一个工厂里，一道道的流水线像屏障一般隔断了员工之间的交流，过去的领导为了挽救濒临倒闭的工厂，要求员工加班加点地工作而忽略了让大家一起谈心交流的环节，结果工人的热情度降低了，人际关系的冷漠让员工抱怨连连，员工中出现了混乱的局面，人们议论纷纷。

发现这一症结之后，新任领导马上采取措施：以后，工厂所有员工的午餐都由工厂承担，希望大家每天中午的时候都能坐下来好好吃饭。这一决定出台后，员工马上意识到工厂到了生死存亡的时刻，应该好好地大干一番了。其实，这只是新任领导给员工们一个交流的机会，希望借此改变彼此之间的冷漠，拉近他们之间的距离。

有时候，新任经理还会亲自为大家下厨。果然，这种融洽的气氛收到了很好的效果，那段时间，员工们谈论最多的就是如何使工厂渡过难关，大家纷纷出主意，找出解决方案。

2个月之后，企业有了业绩；5个月后，企业居然开始扭亏为盈。如今，这个企业一直保持着中午大家一起聚餐的传统。

在这个故事中，领导者发现了由于缺乏沟通而导致的人际关系问题，并有效的解决了矛盾，值得借鉴。

在企业中，由于沟通不畅而导致出现矛盾的问题并不鲜见。公司内部的员工与员工、员工与领导者之间，都可能因为缺乏沟通，而出现理解偏差。为了避免这些情况的发生，领导者需要加强与下属的交流，了解他们的思想，熟悉他们的沟通习惯，这样才能避免因不了解而产生信息误导。

另外，领导者要多给下属们创造交流的机会。产生矛盾的原因是由于彼此之间存在误会，沟通却能在一定程度上将误会解除掉，使员工们在心平气和的情绪中愉快地工作。下属间多交流还能避免人际关系的冷漠，营造和谐团队氛围，增强团队凝聚力。

004

[如何应对不爱服从管理的员工]

话说在《西游记》三打白骨精的故事中，孙悟空两次将白骨精打走，却被唐僧误解。

唐僧十分生气地说道："这猴头贸然无礼！屡劝不从，无故伤人性命。"于是念起了紧箍咒，结果疼得孙悟空满地打滚。

孙悟空急忙说道:“头疼，头疼！莫念，莫念！有话便说。”

唐僧说:“有甚话说！出家人要时时与人方便，念念不离善心，扫地恐伤蝼蚁命，爱惜飞蛾纱罩灯。你怎么步步行凶？打死这个无辜之人，将经取来何用？你回去吧！”

孙悟空说:“你不要我做徒弟，我回去便也罢了，只是不曾报得你的恩哩。”

唐僧道:“我与你有甚恩？”

孙悟空连忙说道:“老孙因大闹天宫，致下了伤身之难，被我佛压在两界山，所幸观音菩萨与我受了戒行，幸师父救脱吾身；若不与你同上西天，显得我‘知恩不报非君子，万古千秋作骂名’。”

唐僧见孙悟空哀求，于是说道:“既如此说，且饶你这一次，再休无礼，如若仍前作恶，这咒语颠倒就念20遍！”

在《西游记》中，孙悟空是一个难以驯服的徒弟，但既不会降妖除魔，也不会法术的唐僧却将他管理得很好。每次降妖除魔，孙悟空都是冲锋陷阵，为了解救师父更是使尽了浑身的法术，保护着唐僧一路西天取经，最后修成正果。原因在哪里呢？就是因为唐僧掌握了管教孙悟空的法宝——紧箍咒。

不服从管理的员工在很多企业中都存在着，他们也许是与公司的上层有着亲属关系，或者认为自己的能力超群，或者资历深厚，但无论是哪一种，他们都有一个相同的特点，就是不愿意遵守制度、服从管理，总是喜欢与上级领导唱对台戏。

对于这样的员工，你既不能因为此事开除他们，也不能和他们对着干。否则，一旦这样的员工在公司“造反”了，对其他员工也会产生很大的负面影响，还会影响到你的领导形象与威信。那么，领导者应该如何做呢？

对于不服从管理的员工，要根据不同的类型采取不同的管理方法。

一般来说，不服从管理的员工往往具有如下特征：第一，他们自命不凡，眼高手低，自己做不好的事情也不喜欢交给他人做；第二，自恃清高，看不起别人，说话总是桀骜不驯，没有一点儿谦逊的姿态，不把别人放在眼里，很自负；第三，他们总是自我陶醉，不愿意听取别人的意见。

根据他们的特性，第一，领导者利用他们的长处，不要打压他们；第二，领导者适当用一下他们的短处，挫挫他们的锐气；第三，领导者利用“鲶鱼效应”放入“鲶鱼”，营造竞争气氛；第四，领导者以宽容的心态容纳他们。

005

[如何正确对待客户与员工的抱怨]

一个美发师收了个徒弟，徒弟学艺半年后开始上岗。

徒弟给第一个顾客理完发后，那位顾客说:“头发剪得不够短，有点儿长。”徒弟没说话。师傅笑着说:“头发微微长一点儿，更能凸显您的含蓄，这叫藏而不露，很适合您的身份。”顾客听后高兴地离开了。

然后，徒弟给第二位顾客理发，结束之后，顾客说:“剪得有点儿短。”徒弟又没说话。师傅笑说:“头发短显得您精神，看起来更年轻。”顾客听后高兴地离开了。

接着，徒弟给第三位顾客理发，顾客笑着说:“我这个头理的时间够长的。”徒弟还是没说话。师傅笑着说:“为‘首脑’多花点儿时间很有必要。”顾客听后，哈哈一笑离开了。

晚上关门后，徒弟问师傅:“师傅，我没有一次做好，您为什么总是包容我，替我说话？”

师傅笑道:“我替你说话有两方面的原因，第一，我这样说能博得顾客的欢心，下次他们自然还会来；第二，这是对你的鼓励，希望你以后继续努力，为顾客服务得更好。”

徒弟十分感动，从此他跟着师傅苦心学艺，手艺日益精湛。

有时，领导者会听到客户对手下员工的抱怨，这时候，领导者不能对此置若罔闻。作为领导者，你有责任维护企业和员工的形象，解决这些抱怨，以免造成隐患。只有领导者尽力维护员工的利益，才能激发出员工的动力。

不仅如此，对待员工的抱怨，领导者也要及时解决，不要把员工的抱怨当作是小事，或者是幼稚可笑的事。员工的抱怨在领导者看来也许不是什么大问题，但是，在员工的心中却是十分重要的，所以，决不能掉以轻心。要知道，员工不会因为抱怨而轻易辞职，但是，他们会在抱怨无人愿意理睬的情况下选择辞职。如果到了那个地步，就是人心两失了。

一家公司制定了这样一项规定：将员工分为三个等级，作出一定贡献的员工将会被升为一等级。

有一天，这家公司的一名员工怒气冲冲地走进总经理办公室，说："公司规定做出一定贡献将会被升一级，如今我已经做出了贡献，为什么迟迟不给我升级？如果我做得不够好，我愿意继续努力，但是真实的情况是，恐怕领导早已经忘记给我升级这件事了吧？"

这位总经理听到员工的抱怨后，对此事非常重视，责令下属马上去核实，结果发现真的忘记了给这位员工升级。

于是，总经理立刻郑重地给这位员工颁布了升级令，并明确表示非常赞赏这位员工的坦白精神，鼓励其他员工要将自己的不满直接说出来。

人生不如意十之八九，员工因为生活或者工作方面的不如意都可能产生抱怨，领导者不要认为员工抱怨就是对公司或者自己有敌对心理，或者认为这位员工总是挑事，不好好工作。相反，员工之所以会产生抱怨情绪，很大一部分原因是他们对公司足够投入，而且，此时他们产生抱怨很可能是其他很多员工也在默默承受着同样的问题，只是他们还没有说出来，如果真的是这样，那么，这种问题就会影响到整个公司。所以，领导者不能对员工的抱怨存有偏见，应该学会倾听，并对此问题进行处理，这样团队的活力才能持久。

让员工完全满意公司或者上级的做法是难以达到的，因为人与人之间的想法不同，产生隔阂自然也是正常的。但是，这并不意味着领导对下属的抱怨可以置之不理，领导必须时刻告诫自己要防备员工产生抵触情绪，因为这种情绪如同传染病一般，会迅速传染给公司的每一位员工，具有极强的摧毁性，会让整个公司陷入瘫痪之中。

其实，员工的不满情绪是很容易发现的，比如，有的员工经常迟到早退，或者工作心不在焉、应付了事、不喜欢与同事合作、对上级领导下达的命令不愿意听从……这都是员工已经存在抱怨心理的一种表现，不要对他们的这种做法持否定态度，或者认为他们难以理解，要加以重视，因为他们的这些征兆不是毫无理由的。

没有哪一个员工会毫无缘由地懈怠工作，也没有哪一个员工会毫无缘由地表现出不满的情绪，下属既然已经表现出了抱怨不满的情绪，那么，领导者弄清原因就十分必要了。

通常来说，下属的不满主要由以下几个原因导致：第一，薪水与付出不成正比；第二，总是加班，又没有给加班费；第三，休息的时间太少；第四，领导者本身存在问题。

以上四点是导致员工产生抱怨的常见原因。在具体的工作中，导致下属产生抱怨的原因还有很多，作为领导者，要善于观察，同时鼓励员工提出自己的意见与不满。如此，才能减少员工的抱怨。

006

[利用良性冲突，提高团队业绩]

有一对小夫妻吵架。

妻子说："你看你，总是回来那么晚，难道不知道我一个人在家很寂寞吗？"

丈夫回答道："我知道啊，可是我就是不回来。"

妻子生气地质问："为什么不回来？你不知道我会想你吗？"

“当然知道了，所以，我才晚一会儿回来，让你多想我一会儿。”丈夫笑着回答道。

结果，一场吵架就这样停止了，两人的关系也更好了。

在中国传统的观念里，一辈子没吵过架的夫妻是他人学习的模范。然而，美国《家庭心理学杂志》却指出：一辈子相敬如宾、没吵过架的夫妻不见得是幸福的夫妻，会吵架的夫妻更幸福。诚然，对于多数夫妻来说，一辈子不吵架是不可思议的事情。然而，有些夫妻却越吵感情越好，有的夫妻却因为经常争吵而离婚了。这其中的差别在哪里呢？难道一对离婚的夫妻比一对幸福的夫妻吵架的次数多吗？

其实不然。经科学调查，离婚的夫妻吵架时更多地加入人身攻击，随着怨恨的不断增多，自然也就导致了离婚；而幸福的夫妻吵架时却对事不对人，甚至还会夹杂点儿幽默在其中，属于一种良性的冲突，自然夫妻双方不会放在心上了。

企业中也是如此，并非糟糕的团队比优秀的团队冲突多，而是优秀团队中的冲突多是良性的。良性冲突会增加员工之间的互动，有利于消除企业内部的不和谐关系，是一种积极的动力。所以，倘若领导者能制造良性冲突，那么，这种冲突反而会推动企业发展。

一家时装公司在最初的时候仅仅有两万多元的流动资金，但董事长凭借卓越的智慧带领公司不断向前发展。在2000年的时候，企业全面推出自己的品牌，结果赢得了很大的成功。2002 年，产品在市场上销售火爆，供不应求。

随着企业的不断发展，原有的生产模式需要调整，于是董事长花重金聘请了海外管理学博士，但是结果却事与愿违。

这位海外博士上任后进行了一系列的改革，将公司的决策权收为己有，公司的事情，无论大小事都亲力亲为，从前仅仅需要一些部门自己定夺的事情，如今也要向总经理汇报。很多基层的事情也要向他汇报，甚至大门保安员出现了问题也要向他汇报。

权力集中之后，总经理自命不凡，在各部门之间说不同的话，想借此笼络人心，然而，却被私底下要好的部门戳穿了这种把戏，他成了“孤家寡人”，一点儿也不受其他员工的欢迎，最终导致下面的部门产生冲突，争吵不断。

上述案例中的冲突对企业来说无疑是恶性的。

冲突，按性质可以分为良性冲突和恶性冲突两大类。辨别两者的标志就是看这种冲突对公司的业绩产生正面还是负面影响。作为领导者，如果能把员工之间的冲突转化为良性的，那么这种冲突不仅不会影响同事之间的关系，而且还有利于彼此之间的交流，进而提高员工的工作积极性，提高团队绩效。相反，如果这种冲突是恶性的，那么员工之间的关系就会陷入紧张中，导致互相猜疑、彼此不信任、发生内耗，这样就会导致企业的生产力下降，凝聚力降低，企业就会有陷入困境的风险。

由此说来，在一个企业中，冲突会变成良性还是恶性，取决于领导者对冲突的管理能力。领导者要全面分析冲突的性质以及它产生的原因，将冲突控制在一定的范围，一旦发现冲突带有破坏性的意味，就要及时降低冲突，找出解决的方法。所以，现代企业领导者必须对冲突有正确的认识，合理控制冲突。

东芝电器前总经理士光敏夫曾说：在一个企业中，如果员工们都是一致的，或者雷同的，这是不好的现象。作为企业的领导者，需要最大限度地让员工喊出不同的声音，如此，才能取得最大的效果。这正是利用良性冲突，提高团队业绩的一种有效办法。

007

[如何正确对待办公室谣言]

一天，张阿姨在街上遇到了刘阿姨，对刘阿姨说："前段时间刚刚结婚的那对小俩口，这段时间总是吵架，也不知道为什么。"

一个星期后，刘阿姨碰到了宋阿姨，她对宋阿姨说："你知道吗，前段时间刚刚结婚的小俩口最近总吵架，现在，那个小伙子又和一个瘦瘦高高、白白净净的女孩好上了，我亲眼看见的。"

几天后，宋阿姨又遇见了冯阿姨，对冯阿姨说：“老冯，咱们这儿刚刚结婚的那对小夫妻要离婚了。”

冯阿姨说：“怎么可能？我昨天还看见他们好好地在一起呢。”

“我骗你干嘛？别人都看见那个小伙子和一个瘦瘦高高、白白净净的漂亮姑娘在一起了。”宋阿姨说。

“瘦瘦高高、白白净净的漂亮姑娘是小伙子的表妹，来这边旅游，顺便来看看他们小俩口，昨晚我还看见他们3个饭后散步呢。”冯阿姨说。

中国有句俗语“人言可畏”，从古至今，多少人被谣言所害。生活中，谣言之所以能够迅速传播，就是因为很多人有着强烈的好奇心，他们对八卦传闻喜爱至极，又习惯将这些八卦传闻传播出去，似乎缺少了八卦传闻，她们的生活就缺少了很多乐趣。

但是，很多时候八卦传闻是他人捏造出来的，是虚假的。并且，随着谣言的传播，事情的本质也会随之改变。这就如同一种游戏：拿出一个成语，当第一人看了之后，将其描述给了第二个人，第二个人又在自己想象的基础上描述给了第三个人，第三个人再一次通过自己的想象，将其描述给了第四个人……以此类推，到最后一个人时，描述已经发生了极大的变化，已经脱离了成语的本质，甚至相去甚远。

由此来说，谣言传播得快，越传播离真相越远，反映的现实也越歪曲。

而在一个企业中，谣言的传播将分散员工的注意力，降低团队的凝聚力，需要领导者正确对待。

小刘应聘到一家公司做秘书，刚刚来到公司，同事们都对小刘说："你的这位上司啊，不好伺候。"听了同事的劝告，小刘在工作方面总是小心翼翼，生怕出了问题惹上司生气。

由于小刘工作做得好，人又勤奋，上司觉得她是一位得力助手，对她很和蔼，经常表扬她，一旦其他客户送来茶、咖啡之类的东西，他都会给小刘。

就在小刘因此暗自高兴之时，却明显地感觉到同事们都不大喜欢和她一起说话了，即便走在对面也只是象征性地打声招呼就过去了。午饭的时候，小刘主动约他们一起吃饭，大家也总是找借口推辞。

她不明白这是怎么回事。

一个偶然的机会，在去休息室冲咖啡的时候，刚刚走到门口，小刘就听到两个同事在说："听说咱们这儿刚来的那个姓刘的秘书和咱们经理有情况，经理经常给她东西，什么咖啡啊，茶啊，从来都不给咱们。"另一个同事说："现在咱们得小心点儿了，她可是经理安排在咱们身边的眼线。"

此刻，小刘明白大家发生异常的原因了。

气愤的小刘将这些传闻对领导说了，而领导却说："清者自清，浊者自浊，何必为这点儿小事伤脑筋呢，慢慢地，大家觉得没意思了，这种谣言也就消失了。"

然而，小刘却一直对这件事情耿耿于怀。

有些领导者认为，员工传播谣言、散布小道消息是他们娱乐的一部分，不必放在心上，也就对谣言听之任之。殊不知，不处理好谣言，任其发展传播，更伤害员工的士气。

谣言是无孔不入的，谣言所到之处，会对公司产生极大的不利影响，尤其是对被中伤的人来说更是一种精神上的伤害，它会影响办公室本来和谐的气氛，降低员工的工作热情，而你辛苦建立起来的团队也会在谣言的传播中被破坏，所以，作为领导者必须正视谣言，向员工传递正确的信息。

具体来说，领导者如何消除谣言呢？

第一，了解谣言产生的原因，全面了解谣言产生的根源，这可以成为领导者处理解决谣言问题的依据；第二，找出谣言的漏洞，这是彻底击毁谣言的关键点；第三，找出谣言的散播者，视其程度采取不同的措施，如若情节不严重，不要对其进行言辞激烈的批评，点到为止是一种不错的批评方法，如若影响严重，必须严肃处理；第四，必要的时候，让所有员工知晓情节始末，为员工敲响警钟，这有利于避免新的谣言大范围传播。

无论是关于领导者本人还是公司的某一位员工或者是公司的谣言，都可能在难以预料的情况下出现，领导者要正视谣言，及时采取措施，避免影响扩大。

008

[没有意见冲突的企业没有活力]

被誉为“经营之圣”的盛田昭夫在担任副总裁时，曾与当时的董事长田岛发生了一次冲突。

田岛气愤地说：“盛田，你我意见不同，我不希望看到我们总是为此而发生争吵。”

而盛田却回答说：“田岛先生，如果我们的意见完全一致，那么我们俩就没必要在同一家公司领两份薪水了，我们俩就该有一人辞职。正因为我们的意见不同，公司出现错误的风险才会降低。”

诚然，在一个企业中，冲突容易使得企业产生不安或者不和谐的局面。但是，如果领导者没有发现冲突，没有听到反对的意见，听到的总是相同的意见，或者和自己想法一致的意见，这说明企业内部的思想已经僵化了，此时，隐患可能就出现了，你的身边聚集的也将是一群不喜欢思考，只“听从”你的建议的“应声虫”，这样的企业将处于一种守旧的状态中，失去长足发展的活力。

冲突在某种情况下可以变换为一种激励的因素。当企业中没有不同言论、不同见解时，虽然此时不会产生冲突，但员工们可能缺少了自我分析与评价的能力，潜力难以得到发挥，长此以往，企业也将陷入“意见一致”的瘫痪中。

员工之间通过发表各自不同的言论，可以为企业营造一种积极献策的氛围，这种意见方面的冲突会刺激员工在工作中的兴趣与好奇心，挖掘出员工的潜力，形成一种勇于交流、发表意见的局面，从另一个侧面来说，这也提高了员工的紧迫感。

在通用公司的历史上，有两位非常重要的人物，由于他们对冲突和矛盾的看法不同，结果通用公司在他们的带领下出现了不同的局面。

一位是威廉·杜兰特，他喜欢独断专权，在重大决策方面总是喜欢让员工按照他指定的方式行动，他十分反感那些和他意见相悖的人，更是讨厌那些当众顶撞他的员工。在他的领导下，公司从不会发出反对声音。之后，通用陷入危机，杜兰特也不得不离开了公司。

另一位是艾尔弗雷德·斯隆，他是通用发展史上非常具有威望的领导者。曾经，他是杜兰特的助手，在后来的工作中升任到杜兰特的职位。他十分清楚杜兰特存在的缺陷，并积极努力地修正这些错误。

在他的意识中，没有完全正确的人。每做一项决策，他都先听取其他员工的意见，鼓励争论和发表不同的观点。这种领导方略使他取得了极大的成功，被誉为通用的传奇领袖。

对于领导来说，不要总是被一时的“相同意见”遮住双眼，甚至还要有意制造一种“意见不同”的现象。任何一个人的想法都难以达到全面，也不可能总是正确。而出现了不同意见的冲突和矛盾，也正是对自己决策做出修正的良好机会，如果你能合理协调，这种冲突将会为企业的发展提供动力，并创造一种良好的氛围。

为此，领导者必须认识到，不可以独断专行，要允许并鼓励不一致意见的出现。如果一个企业没有冲突，那么这个企业就难以有活力，终将走不远。

当然，在当今的管理中，我们也提倡“合作”与“共识”，但是这并不等于压制其他员工的意见，而是鼓励大家在提出不同意见的时候最终找出一种合理而有效的办法，达成合作共识。不同的意见越多，最后作出的决策就越高明。

第四章

既有亲和力，又能坚持原则

领导者要面对下属、客户或者同事的不同要求。有时，他们提出的要求往往是不合理的，必须予以拒绝。但是，受中庸思想影响的多数领导者，一旦要拒绝时往往会有一些心理障碍，不好意思或者不善于拒绝对方。结果，违心地接受。所以，对于领导者来说，既能坚持原则，又能不伤和气地拒绝，也是一门学问。

001

[说“不”才是对自己的负责]

一天，一位猎人送给邻居几只鸽子，邻居十分高兴，就把鸽子炖好了，准备请猎人一起来享受美食。恰巧，猎人这几天忙于打猎，总是早出晚归，炖好的鸽子一直放在那里，没有吃。

这一天，猎人的一位朋友来了，在门外焦急地等待猎人，但猎人却迟迟未归。眼看着吃饭的时间到了，既然是猎人的朋友，邻居就将他请到自己家里款待了一顿。

猎人的朋友非常感激邻居，回家之后，就向周围的朋友赞扬猎人的好邻居。

几天过后，邻居家又来了几个人，都自称是猎人的朋友，办事路过这里，已经半日没吃饭了，上门来讨顿饭吃，邻居听后不好意思拒绝，于是把上次剩下的、自己没舍得吃的鸽子汤加入了一些蔬菜炖了炖，款待了他们。

然而，“鸽子”事件并未终止。

几天过后，又有几个自称是猎人朋友的人来到邻居家，说听说他特别好客，所以就上门来，想和他交个朋友。此时，邻居已经没有东西可以招待他们，于是，邻居借口说去做饭，忙乎了好久，端出一大盆东西来，猎人的朋友问这是什么，邻居说："我家里已经没有好吃的招待大家了，这是仅有的一点儿鸽子汤。"（其实是刷锅水。）

此后，再也没有自称是猎人朋友的人来了。

人际交往中，说"不"是一个非常重要的环节。在现实生活中，很多人就是不懂得说"不"，才会像故事中的主人公一样，被他人打扰了自己的生活。

通常来说，拒绝别人的要求是一件颇有些困难的事情。日本的一位教授说："央求人固然是一件难事，而当别人央求你，你又不得不拒绝的时候，亦是叫人头痛万分的。原因是每一个人都有自尊心，都想得到别人的重视，同时我们也不想让别人不愉快，所以也就难以说出拒绝别人的话了。"

诚然，拒绝的确是一件难以脱口而出的举动。然而，每个人都应当明确，当别人请求的事情违背你的意愿时，你必须拒绝对方，以免让自己左右为难。

钱锺书先生曾把一些祝寿纪念会和某些所谓的学术讨论会的邀请一概拒之门外，并毫不客气地一连说出 7 个"不"："不必花些不明不白的钱，找一些不三不四的人，说些不痛不痒的话。"这就是一种很好的回绝。既然自己不愿意继续如此，那么又何必为难自己做出虚伪的事情呢？

生活中，在很多情况下都需要说"不"。比如，你本来手头很紧，但你的朋友打来电话说另一个朋友生孩子了，让你去送贺礼；你本来想在星期日的时候带着孩子出去玩，但同事却打来电话让你去加班；当你正在聚精会神做事的时候，某人却打来电话和你闲聊……如果你对这些人都奉陪到底，恐怕你就要吃不消了。所以说，在生活中，懂得说“不”是摆脱不必要干扰的一种艺术。

很多人担心拒绝会影响彼此的关系。拒绝的确会让人产生不快，但这种不快的程度取决于你采取的方式和言语的表达。古希腊哲学家毕达哥拉斯指出，说最短、最老的字——“好”或“不”，都需要最慎重的考虑。不懂得说“不”的人，往往将良好的人际关系搞得焦头烂额，而懂得说“不”的人往往会不动声色地说出，且让对方内心喜悦。

一位美国女士读了钱锺书先生的《围城》，十分欣赏，打电话给钱锺书先生说希望能和他见一面。钱锺书先生向来看淡名利，于是，他就在电话中对那位女士说道：“假如你吃了一个鸡蛋觉得不错的话，又何必一定要见那只下蛋的母鸡呢！”

钱锺书先生凭借其自身的幽默和智慧，运用一种生动而形象的比喻，很好地谢绝了那位美国女士的请求，既没有损伤那位女士的颜面，又避免了一些无谓的麻烦。

所以，只要你说的恰当，是不会造成不良影响的。况且，如果你不懂得将“不”字说出口，只是一味地接受，虽然他人赞扬你是一个乐于助人的好人，但是，此后，你就更加被动了，更难以拒绝他人提出的要求，因为在朋友提出请求之前，他已经知道你不会拒绝的，这种定论是不容推翻的，一旦不满足一次，你昔日的好印象便全没了。

心理学家通过研究指出，难以说“不”是一种心理脆弱的表现，也是心理不成熟的表现。这样的人在拒绝他人的时候存在心理障碍，所以总是委屈自己，成全别人。那么，这样的人要怎么做才好呢？

第一，调整心态。生活中有很多人不好意思拒绝别人，主要源于自身的性格与心态。他们总是认为这次拒绝了，下次自己有事求人的时候就难以开口了。而且，他们太过于将别人对自己的评价放在心上，不希望破坏自己在朋友心中的好印象。而事实上，真正的情谊不会因为你拒绝而失去。所以，调整好心态，该说“不”时就说“不”。

第二，掌握拒绝的艺术。根据实际情况，采取恰当的方式。在拒绝之后，可以说出你的理由、你的难处和苦衷，并表示你的歉意。

第三，干脆明了，别犹豫不决或者找理由搪塞。这样容易让对方觉得你还想帮助他，对你抱有一线希望，反而误事。简言之，果断拒绝才不会引起不必要的误解。

第四，说话的语气要委婉。委婉的说话方式可以缓和对方的抗拒感，让人乐于接受。

002

［ 拒绝的前提是认真倾听 ］

猫妈妈对小猫说："孩子，你已经长大了，以后你要自己找东西吃了，不能再依靠妈妈了。"

小猫很紧张地问妈妈："妈妈，那我该去哪里找食物吃呢？"

猫妈妈说："我教给你一种方法。夜里的时候，你躲在人们的窗边，认真倾听他们的谈话，你自然就知道去哪里找食物吃了！"

第一天晚上，小猫躲在窗边，听到一个女人对男人说："老公，把鱼和牛奶放在冰箱里，千万别让小猫吃掉了。"

第二天晚上，小猫躲在另一户人家的窗边，听见一个女人对孩子说："宝贝，把香肠放在冰箱里，别让馋嘴的小猫偷去了。"

第三天晚上，小猫又躲在另一户人家的窗边，听到一个老奶奶叨念着自己的孙子："鱼干、面包、薯条不吃了，也不收好，小猫鼻子很灵，晚上它就会帮你吃掉，看你还吃什么。"

就这样，小猫每天都能得到好吃的食物，它很高兴地告诉妈妈："妈妈，您教我的方法太好了，只要我仔细倾听，人们每天都会告诉我食物在哪里。"

有人说，上帝之所以在创造人类的时候给了两只耳朵一张嘴，就是要人们少说多听的。用心倾听别人讲话，这不仅是一种礼貌，更是一种使沟通顺畅的良好方式。

“沉默可使傻子成为聪明人”，学会在沟通中倾听对方，你就是聪明人。作为领导者，在与下属沟通前，只有先倾听，才能帮助你很好地掌握下属内心的想法、了解下属存在的问题以及他们的需求，避免说错话、表错意。任何人都希望能够赢得他人的尊重，在拒绝他人之前，先用倾听表达出“我在意你”“我有认真了解”的姿态，那么当你说出拒绝的话时，有了倾听这层铺垫，对方也会更容易接受。

小李：“赵经理，很抱歉，您交给我的任务，已经两天过去了，但是我依然没有头绪，我觉得在这方面也许我的能力欠缺一些，您看能不能将这项工作交给其他人来做呢？”

赵经理：“没有头绪，是吗？那你说说这项工作难在哪里呢？”

小李滔滔不绝地和经理讲述了一番。

经理听后笑了，说道：“正因为这项工作有难度，所以我才交给了你，凭借你的能力完全可以做好这件事，如果连你都做不好，那我看我们这个部门就找不出其他人来做了。继续做吧，如果你转换一下切入角度，先思考结果，是不是会更好一些呢？”

小李：“啊！我知道了，知道该怎么做了，那我回去再继续做吧！”

当你的下属向你提出一些你不愿意接受的想法时，其实，他们心中往往也会有一些担忧，担心你不会批准他们的请求，担心你会批评他们的能力不行。因此，当员工提出要求的时候，不要马上回绝，要先倾听他们的诉说，设身处地地站在他们的角度去思考，这样才能使自己知道怎样去点拨他们，给他们信心。

倾听员工，首先会让员工感受到你对他们的重视，其次，你可以很明确地知道员工在哪些方面能力有些欠缺，能够更多地去了解他们的情况，所以，当你委婉地表达出自己的拒绝之意时，可以降低对他们产生的伤害，同时，也可适当点拨他们，如此，他们会感激你，能够在你的点拨之下找到更恰当的解决问题的方式，达到事半功倍的效果，这对领导者本人来说也是非常有帮助的。

003

[他人请求帮忙时，如何得体拒绝]

春节晚会上曾有过这样一个小品：

一个男人为了不让别人瞧不起自己，总是在外人面前表现出一副很有能耐的样子，只要有人来求他，无论事情大小、难度高低，他都会高兴地答应并说：“交给我，您放心。”结果，他为了帮领导买火车票，自己背着行囊，在火车站通宵排队，还闹出了极大的笑话……

小品是生活的缩影，生活中的确存在这样的人，他们为了在他人面前显示自己人脉广、能力大，违心地答应别人的请求，结果为了帮助别人浪费了自己很多时间，最后闹得自己也不自在，真是自讨苦吃。

诚然，生活在社会中，人与人之间避免不了互相帮忙，尤其是主动帮助他人更容易赢得对方的好感。但是，如果这种帮助违背自己的意愿，或者给自己造成了极大的压力，甚至产生烦躁的心理，这种帮助就是不必要的了。

马辉和李浪是好朋友。一天，马辉请李浪帮忙完成一项工作，但是，李浪手头的工作也很多，根本无暇帮他。

如果直接拒绝了对方的请求，说“我不能帮你”，这样的回答不仅有些不礼貌，而且也容易让人觉得自己太高傲了。

于是，李浪对马辉说：“很不好意思，这一段时间，我的工作太忙了，每天都要加班，身体最近都吃不消了，你看我的眼睛，一点儿神采都没有。”

马辉看着李浪疲惫的双眼，自感很不好意思。

对于他人提出的要求，尤其是朋友提出帮忙的要求，是不是必须都要答应呢？并非如此。如果有些事情超出了你的能力范围，或受各种条件的限制，你难以帮助其达成目的，就要老老实实地说自己不行。如果你脸皮薄，因为不好意思拒绝朋友而说些虚伪的大话，反而不好。

大家都知道，朋友之间最讲求的一点就是言而有信、说到做到。明知自己难以办成，却拍着胸脯承诺下来，最后不仅落下一个说大话的头衔，还可能耽误朋友的事情。因为，如果你难办成，朋友可以再找其他人去办，但是你答应了，结果没办成，这样既耽误了朋友办事的时间，也会伤了彼此的情义。这样做就不可取了。

所以，当他人提出要你帮助时，如果自己难以办到，一定要果断拒绝。拒绝时，尽管你心里十分不愿意，也不要表现出一副冷冰冰的样子，要态度和顺地拒绝对方。

同时，你还可以降低对方对你的期望。无论是朋友还是下属，只要他们来求你帮忙，都是相信你有能力帮助他们，对你抱有期望。此时，你可以先说一些自己的不足，将对方对自己的期望值降低一些，然后再说一说自己的难处。如此，对方也就不好意思继续请你帮忙了。

倘若你仍然觉得十分不好意思，而又恰好有一定条件的话，可以退而求其次，帮不了大忙，就帮个小忙。

一家公司刚刚成立，公司内仅有四五个人，所以一直没有安装空调，领导本来打算再招进来一些员工之后再安装空调和其他设备。

星期一的早上开例会的时候，有的员工就提出："现在天气太热了，公司应该安装空调，否则大家都要中暑了。"显然，这位员工的话语中带有几分不满。

大家都看着公司的最高领导，看他如何说话。

领导沉默了一会儿，说道："他说得很有道理，这段时间，大家的确都很辛苦，而且天气也很热，我十分体谅大家。首先我向各位员工表示感谢，感谢你们在这样的环境中依然兢兢业业地工作。空调的事情，我们已经在联系了，只是最近那边的安装人员出了一些问题，所以迟迟未来。这样吧，先给大家安装几台风扇，解解大家的暑气。"

在面对这些问题的时候，如果你不知所措，含糊其辞地答应下来，最后却没有落实，必然会引发下属的不满。可是，如果你直接拒绝下属的要求，说："不行，绝对不行。"这么强硬的态度可能会导致你和下属的关系紧张。这位领导首先表示体谅下属的难处，又退了一步，以买风扇的方式帮助大家解暑，安抚了没有安空调的不满情绪。

所以，当你无法满足其提出的大要求时，退一步，满足他一个自己力所能及的小要求，也不失为一个好方法，既表现出自己尽心尽力的态度，也让拒绝不再那么不近人情。

004

[让提要求的人自己转变想法]

有一个刚刚毕业参加工作的年轻人，在公司正常上班的时间想跟随同学一起去大连游玩，于是，他向领导请假，这当然是不能允许的。领导可以很直接、很严厉地批评他的行为，并严词拒绝。

但是，这位领导却没有这样做，而是说："能和同学一起去大连游玩，的确不错，不过，最近我们公司正要进行技术考核，我们这个团队指望你能夺魁哪。去大连游玩的机会以后还有很多，等我们取得了成绩组织公司的员工一起去玩不是更好吗？"

这位年轻人听了领导的话后没有一丝怨恨，高高兴兴地收回了自己的请求，说："那我这次就不去了。"

如果领导直接正面拒绝员工的请求，自然有伤员工的面子，还会让员工心存不满。所以，这位领导没有正面拒绝员工，而是在表达出"我也希望满足你的请求"的同时，提出了自己的期望，让员工自己改变了想法，欣然接受了领导的拒绝。

在实际的生活和工作中，直接说出拒绝不合时宜，这个时候，如果能让提要求的人自己转变想法，那是再好不过的。在这一拒绝方法中，你首先要做的是肯定对方的请求，表明我和你是一样的想法，然后提出自己的想法或期望，再将决定权抛给对方。

一位很懂得说话艺术的设计公司经理说："对于一些客户不切实际的装修想法，我从不会直截了当地说'不'，而是想方设法引导他们转变思路，自己放弃先前的想法。"

一位顾客想用一种不太符合整体室内设计基调的花布料做窗帘，这位经理说道："你的想法确实是一种新的思维，也给了我们很大的点醒。"然后，他先按照顾客的思路，又按照自己的想法，谈到什么样的窗帘才能让整个房间看起来更加有效果。结果，那位顾客真的否定了自己的想法。

在面对客户的时候，如果你用"不行""做不到"之类硬邦邦的语言直接拒绝对方，通常很难让对方接受，而且，如果你处理得不好，轻则会使局面变得紧张，重则会影响此次生意的成败。所以，当你想要拒绝客户的要求时，不要直言不讳，而应该使其自动放弃自己的想法，转而高兴地接受你的想法。

此时，先不要急于否定对方的意见，在沟通过程中，含蓄地说出自己的意思，在对方没有察觉的情况下达到自己的目的，以此降低因为拒绝而给对方造成的失望或者不愉快，如此，不仅可以让自己从说“不”的困境中解脱出来，而且也会让对方无可挑剔地接受你的建议。

005

[借助对方的观点，替自己说“不”]

一次，一位美国记者问基辛格：“我们有多少潜艇在配置分导式多弹头？有多少民兵在配置分导式多弹头？”

这是一个艰涩的问题，如果直接回答说“不知道”，这显然是在撒谎；可是，如果说“无可奉告”这类带有保密性的语言，又会显得太俗套了，而且这种回答方式可能会引发记者的好奇心，继续穷追不舍。

结果，这个艰涩的问题并没有难倒基辛格，他从容地说道：“我们有多少潜艇我知道，有多少民兵在配置分导式多弹头，我也知道，但是，我不知道这是不是保密的。”

那位记者一听，以为基辛格要作出回答，于是高兴地嚷道：“不是保密的，不是保密的！”

接着，基辛格笑着反问道：“不是保密的吗？那你来说说是多少？”

案例中，基辛格用巧妙的反问方式立刻将尖锐的矛盾调转了，巧妙而又得体地制止了记者的继续追问。

有些时候，当对方提出比较艰涩的问题时，最直接的办法就是拒绝，但是，在某些场合，如果你回答“这个问题我拒绝回答”或者“对不起，无可奉告”，不仅损伤对方的颜面，也显得自己没有风度，尤其是在大型社交场合。这个时候，如果你能运用抓住对方言语的漏洞，用他话中的意思来驳斥他的提问，往往是一种不错的拒绝方式。

曾经在一部电视剧中看到过这样一幕：

一位新入伍的士兵表现优异，部队的一位领导很赏识他，想让他加入自己管辖的部队中，于是，这位领导对他的下级军官说：“你看，这个兵进我们部队如何啊？”

这位下级军官十分重视士兵的生命安全，因为进入他们部队要面对的是虎豹一样的敌人，所以，虽然这位士兵很优秀，但是他希望能通过正当的考核加入他们，而不依靠领导的批准进入。

可是，如果直接拒绝领导提出的意见，显然是不好的，于是，他对领导说：“报告队长，进入特种部队有着严格的筛选制度，这是您3年前亲自签发的命令，您曾说过‘狼牙特种大队是尖刀部队，是为随时投身战争而存在的部队，不能充斥后门兵、关系兵，我相信首长不会打破自己定下的规矩。’”

领导听后微微一笑，说：“好，在这儿等着我吧。”

这位下级军官其实是在告诉对方:“不是我不想帮您，我是按照您的意思这么办的，前面你已经三令五申指出过多次了，我又怎么能违背您的旨意呢?”

当你难以对他人的问题或者建议说“不”的时候，有一种巧妙的办法就是借助对方的意思，或抓住他曾经说过的话、做出的事予以驳斥，以子之矛，攻子之盾，对方自然无话可说。用别人的意思替自己说“不”，既有理有据，又不伤人伤己，是拒绝他人很不错的一种策略。

006

[用缓兵之计达到拒绝的目的]

张文华是某市一家大型物流公司的总经理，有一天，当他正欲外出开会的时候，在公司的走廊中与下属小赵不期而遇。

小赵正对工作岗位的调动有些许的不满，便停下了脚步，说:“张总，我来公司也有五六年了，也是看着咱们公司一点点发展壮大起来的，我原本在操作部干的好好的，现在说调动就调动，又让我去业务部，张总，这个问题怎么解决，你现在可得给我一个答复啊……”

小赵就这样抱怨了一番，张经理当然是认真地听着，几分钟后，张经理看了看手表："哦，小赵，非常不好意思啊，你的状况我了解了，肯定能给你一个满意的答复。你看这样好不好，我有个会要开，现在必须马上走，等我回来再说好吗？"就这样，张经理委婉地回绝了小赵，匆匆忙忙地离开了公司。

一般来说，当公司领导遇到这样的问题都比较着急，一方面又不能不为下属解决问题，一方面又不能耽误了紧急的会议，而面对有些比较较真的员工，又不能草草地拒绝他说："对不起，我现在没时间。"这样容易挫伤员工的工作热度，也会降低员工对自己的信任。

这时，领导者就可以模仿案例，先表明自己了解了情况，或者告诉员工大致的处理方向，接着表明自己的难处，将问题延后再具体解决。这样委婉地拒绝下属不合时宜的要求，不仅能够为领导者节约时间，还能免于损伤员工的自尊心。

所以，如果对方对你提出了请求，你难以马上拒绝，或者难以说"不"时，你完全可以采取"缓兵之计"的策略来表达自己的意思，这比正面拒绝更有效且不伤和气。

"用缓兵之计拒绝对方"的方法是对提出问题的一方首先表示同意，但是没有给出确定的时间予以帮助，或者将定夺的时间延后，以达到拒绝的目的。

一位员工找到人事主任提出要调换到其他部门工作，人事主任暂时不能答应他的要求，但没有直接回答，而是认真倾听这位员工倾诉自己的原因后，说道：“虽然人事调动归我管，但是并不是我一个人就能决定的，还要与其他领导进行沟通，我把你的要求告诉其他几位领导，我们讨论一下，然后再给你答复，好吗？”

这就是用“缓兵之计”达到拒绝效果的一种策略。不好直接拒绝对方时，这样的回答既能缓解其当下的情绪，也给自己争取到一些思考的时间，不至于在毫无准备的情况下做出不理智的决定，所以，延缓拒绝比直接回绝的效果好得多。

007

[如何拒绝下属升职或加薪的请求]

一位军官十分渴望拥有男爵的称号，所以，他总是请求狄斯累利对他进行加封。狄斯累利虽然知道他的能力很强，但是他却不够被加封为男爵的条件，所以无法满足他的要求，但是，如果直接说出真实情况，就等于得罪了他，唯有想出一种万全之策，做到既不得罪他，又能把拒绝之语说出，方能达到效果。

终于，狄斯累利把这位军官请到办公室，说：“亲爱的朋友，很抱歉，男爵的封号我不能赐封给您，可是，我可以给您一件比男爵更好的东西。我会通报所有人，曾多次要求册封你为男爵，但是，你总是极力拒绝。”

历史上有很多领导人深谙拒绝之道，在说“不”的同时，还能给足对方面子，故事中的19世纪英国首相狄斯累利就是一例。他拒绝了军官加封男爵的请求，但是为军官留足了台阶，让军官对这份拒绝无从抱怨。

在工作中，下属向领导者提出升职或加薪要求的时候，通常是十分迫切的，如果领导断然拒绝，会给下属留下“没有人情味”的印象，难免寒心或不满。为避免与下属因拒绝而产生隔阂，领导者需要将拒绝柔化，并给出足以令下属信服的理由。

一天，一位下属来到领导办公室，对领导说：“我在公司工作已经两年了，和我一起来的员工，如今都升职了，为什么我的位置迟迟不动？”

领导说：“我很理解你渴望提升的心情，因为每个人都希望自己的路越走越好，没有哪一个人希望自己越走越糟，但是，有一点你千万不要忘记了，一个人想要得到提升，首先要让自己为公司作出贡献，让自己的价值实现最大化，如此，公司自然不会亏待任何一位员工，现在，你是否还需要看看你应该为公司做一些什么呢？”

员工听后没有说话，起身回去工作了。

作为领导，当下属对你提出升职或者加薪的要求时，不要直接指出员工的不足、没有好好努力工作或者工作不敬业等等，如此一说，自然会激起员工强烈的反对，甚至还会离开公司，领导应当做的是得体地为员工指出他们在哪些方面需要继续努力，给他们指出一条可以提升自己的路线。如此，虽然你拒绝了下属的升职与加薪的要求，但是下属依然不会因此而气馁，会照着你指出的路线努力前进。

具体来说，领导在拒绝下属时，需要注意以下几点：

第一，照顾到下属的感受。虽然领导拒绝下属的不合理要求很容易，只需张口说一声“不”字就好，但是，如果忽略了下属的感受，这就很难赢得下属的尊重，反而会让下属记恨你，甚至背叛你。

第二，方法巧妙，语言和善。领导拒绝下属的方式需灵活多变，抓住下属的心理；一定要少用生硬的语言或者强硬的口吻，把拒绝的话说得温柔一点儿，让下属明白其中的道理，和和气气地解决问题，语言和善，可以消除下属的敌意。

第三，态度要真诚。拒绝下属的要求时，不要说出带有挖苦意味的尖酸语言，或者表现出一副轻视的神态，因为你的这种举动很容易伤害到对方。

第四，给出合理性建议。当领导婉转地拒绝了下属的不合理要求的时候，可以针对情况给出一些建议，帮助其找到解决办法，如此，虽然你拒绝了下属的要求，但是下属会因为你的帮助而感激你。

008

[违背原则的请求必须拒绝]

刘亮是一位收藏爱好者，对字画非常喜欢，每当听说哪里有字画出售的时候，总是欣然前往。

一次，刘亮邀请好友——鉴赏家李宏一起前往，他看中了一幅字画，希望鉴赏家李宏能帮自己鉴赏一下。李宏看了看字画，发现是赝品，但是，他不好意思对好友刘亮说，就在字画上盖上了真迹的印章。

然而，后来这幅字画却被另一位鉴赏家鉴别出是仿品……

在生活中，某些人为了不驳对方的面子，尤其是好友的颜面，总是将真实情况掩盖，做出不合实际情况的事情，结果事情的真相被揭穿之后，彼此的颜面都没有了。

这种不好意思驳对方颜面的情况，在拒绝时更为常见。比如，当朋友对你提出一些有违原则的请求时，你敢于直接拒绝吗？还是，明知道不可为，却为了不伤害你们的情谊而说出违心的话，做出不该做的事。友谊不是没有原则的借口，倘若为了友谊而破坏你做人的原则和底线，那么这种友谊不要也罢。所以，当朋友提出违背原则的请求时，必须拒绝。

刘先生在一家电器厂工作了5年，如今他已经由普通员工升职为领导了。

一天，他的一位朋友知道他升职之后来厂里买东西，但朋友将店里陈列的所有样品都看过了，一直摇头表示不满意。

最后，朋友对刘先生说："老刘，你现在都当官了，是领导了，不如带我去你们的仓库看看吧，或许那里有我满意的东西呢？"

此人是刘先生多年的老朋友了，朋友提出，他不好当面拒绝，但带朋友进仓库，这也很容易泄露公司的机密，迟疑了一会儿，他笑着说道："前几天，我刚刚就此事提出规定，严禁任何人私自带人进入仓库，今天我带你进去，这以后让我怎么管理下属啊。"

尽管刘先生的朋友心中有些不高兴，但也没有继续说什么。

在工作中夹杂朋友关系，往往是比较伤脑筋的事情。比如，一个朋友非要借助你的关系帮他安排一个人进入公司，如果答应了，会引起其他员工的不服；如果拒绝了他，又容易伤害朋友之间的友情。或者，有的朋友强行要求你利用公司的人脉帮他干一点私活，还承诺给你报酬……遇到这些问题，你该怎么办？

要记住，公是公，私是私，你不能公私不分，难以办到的事，就必须要拒绝。不要为了朋友的情面，而做出违背原则，违背自己意愿的事，那一定会使你后悔。

其实，拒绝并不意味着你不重视友情，也不代表你很冷血，它代表了你做人的原则和底线，是一种对自己和他人的善待，如果你的朋友因为你的拒绝而不再理睬你，你可以向他说出你的难言之隐，真心待你的朋友一定会谅解你的。

第五章

要怎样讲话才更有说服力

说服是一种高超的能力，具备了这种能力，就可以在工作与生活中掌握事情发展的主动权，而这种能力对于领导者来说更加重要，因为领导者的工作绝大多数都是通过说服别人来完成的。所以，领导者要练就一种高效的说服艺术，这将更有利于顺利展开管理工作。

001

[消除对峙，才能实现双赢]

一位中学刚刚毕业的年轻女老师被安排在一个差班做班主任，正好此时轮到她们班打扫学校操场。可是，班级的学生仅有几个人在打扫，其他人都跑到阴凉处休息，这位新任班主任招呼了几次都不起作用。

后来，这位老师看着大家都在流汗，想出了办法，于是问学生们："我知道同学们不是不想打扫操场，而是因为天太热了，是吧？"

学生们一听，当然不肯承认自己懒惰，便七嘴八舌说："老师，天真的太热了。"

班主任说："既然是这样，那我们现在就休息休息，等太阳下山再打扫操场，好不好？"

学生一听就高兴了，逆反情绪降低了，接着老师又给学生们每人买了一瓶冷饮，此时，学生们感到老师真是太善解人意了，不仅抵触情绪没有了，而且没有等太阳落山，大家就在说说笑笑的玩乐中开始了愉快的劳动。

在这个小故事里，老师明白学生们的心思，所以没有直接劝说学生们继续劳动，而是告诉学生们太阳落山之后再劳动，接着又给学生买冷饮，消除了学生的抵触情绪，既完成了工作，又拉近了与学生们之间的距离，可谓达到了双赢的境界。

在生活中，很多人都需要你去说服，这个人也许是你的父母，也许是你的上司，也许是你的朋友，也许是你的同事……总之，任何人都可能成为你需要去说服的对象，如果想要像那位智慧的老师一样达到双赢的境界，就必须要掌握说服的技巧。

美国著名的政治家丹尼尔·韦伯斯特曾说过："如果有一天神秘莫测的天意要将从我这里把我的全部天赋和能力夺走，而只给我留下选择其中一样保留的机会，我将会毫不犹豫地要求将口才留下，如此一来，我将能够快速恢复其余。"

现代社会是一个讲求合作的社会，无论你的职位有多高，能力有多强，单枪匹马都难以取得预想的结果，所以，很多时候，你都需要与他人合作，你需要别人能理解你的看法、赞同你的观点、按照你的意见去做事情，这一切都必须在说服的前提下才能更好地进行。所以说，说服能力的强弱往往关系着一个领导者管理的成败。想要在工作中，在说服下属时实现双赢的局面，首先要做的是消除与下属的对峙情绪。

有这样一种有趣的现象：

一天早上，一位领导者在电梯里看到了一位下属，对他投以微笑，下属也微微一笑，说了句"领导早"。

几天后，这位领导又在电梯里看到了这位下属，领导见电梯里就他们两个人，于是说了一番鼓励的话，下属高兴极了。

一个星期之后，两个人又在电梯里巧遇了，还未等领导看见他，下属主动热情地同领导打招呼。

为什么前后3次相遇，下属发生了明显的变化呢？答案很简单，因为下属与领导之间没有了隔阂。由于前几次相遇，领导都给了下属温暖的感觉，所以，在以后的相遇中，他就会将快乐付诸在领导的身上，也就是说，他的态度变化与领导有着十分密切的关系，如果领导继续对他投以温暖，他自然也会想办法回报领导，这是人之常情。

领导者想要在说服下属的过程中达到双赢的境界，就要首先让下属产生依赖感和信任感，消除“你是下属，我是领导者，我们不一样”的观念。在工作中，一旦下属对领导者产生对峙情绪时，这种不良情绪就会随之扩散，甚至会影响其他员工，导致公司的员工离心离德。所以，消除对峙情绪对管理至关重要。

那么，领导者如何说才能消除对峙情绪呢？

第一，多使用“我们”，少用“你”“我”。当下属因为工作方面的问题与领导产生相反意见时，不要张口闭口都说“你怎么怎么样”“我怎么怎么样”，而要说“我们怎么怎么样”，这样给下属的感觉会亲切一些，拉近了彼此间的距离，也更有利于解除双方的矛盾。

第二，寻找交集。当今是一个提倡和谐相处的企业文化的时代，而不是一个独断专行的时代。如果领导者希望自己的说服能达到双赢，就需要在说服的过程中找到交集点，然后再循序渐进地说服员工，自然能够求得皆大欢喜的局面。

第三，要了解对方的心理需要。美国著名社会心理学家马斯洛“需求层次理论”把人类的需求划分为5个层次：一是生理需要；二是安全需要；三是社交需要；四是尊重需要；五是自我实现需要。马洛斯的需求层次理论启示我们，在进行劝导说服的时候，必须顾及到人的不同需要，针对不同的情况因人制宜，这样才能增强说服的效果。

002

[抓住痛点，由压服到说服]

王小二养了一头牛，但这头牛很懒，每次把它从牛栏里牵出来去耕地的时候，牛都十分不情愿，干活的时候总是磨磨蹭蹭。王小二很是生气，于是用鞭抽打它，结果牛更是不干活了。王小二无奈，转而开始给它喂好的饲料，可是牛依旧不愿意干活。

后来，王小二想了一个办法，一天早上，他对牛说：“有一件事情，我想交给你去做，不知你愿不愿意？这可是连驴都做不到的哦！”

牛马上问：“何事？”

王小二说：“我想让你和我去一个地方送东西，路上可能会遇到一些可怕的劫匪，不知你去不去？”

牛高兴地说道：“当然去啊！主人啊，你终于认识到我的能力了！我的理想就是做驴也做不了的活！”

王小二说：“好，不过为了以防你受惊吓，我用布蒙住你的眼睛，这样你就可以带着东西一直快走了！”

于是，牛美滋滋地跟着王小二去耕地了。

不要总是试图用自己的权力强迫他人，使对方心甘情愿才是上佳之选。每个人心中都有痛点，能够对症下药，设法满足他们的欲望，就可以轻而易举地说服他们。

上面故事中，王小二就是摸准了牛的痛点，让牛认为自己的能力是多么强，主人是多么器重自己，由此心甘情愿地去耕地。

在工作中也是如此，员工从心里愿意工作和被你强迫着工作，其效果是截然不同的，作为领导者，不要总是习惯用手中的权势压服下属。要知道，员工有自己的想法，总是被你驱使，被动地工作，他们心里也不舒服。所以，领导者要善于摸准下属的痛点，让下属心甘情愿地工作，这样才可以改变下属对任务的看法，由被动工作转变为主动工作。

有一年，家用电器行业很不景气，年终的时候，国际公司牵头举办了为期3天的“销售会议”。在会议期间，惨遭亏损的经销商们纷纷指责国际公司的指导方针错误，而竭力不承认自己经营方法的不当。谩骂之声不绝于耳，会议充满了火药味。

最后一天，会议快结束时，国际公司董事长上台了。

“这3天来，你们该说的都说了，该骂的也都骂了，现在，要由我来说了。是的，造成今天这样不景气的局面完全是因为本公司的指导方针错误，对不起！既然我身为负责人，我一定会向大家有个交代。从今天起，我改变以往的指导方针，另立一项新的经营方案，使各位能安心地经营。在这里，我谨代表本公司向各位致歉，过去我们有不周到的地方，请多原谅！”

说完，董事长90度鞠躬下了台。

这个时候，会场出现了一个奇怪的现象：喧闹不已的场面不见了，台下顿时鸦雀无声，每一个人都低下了头。

上述故事中，董事长用道歉满足了经销商的痛点，当国际公司再次倡导新的指导方针时，经销商的怨言自然就少了许多。

也许有人会狭隘地认为，领导者就是下命令，无所谓说服与不说服。然而，心甘情愿地接受命令和被迫接受命令，执行者的状态和进而付出的努力是全然不同的。艾森豪威尔将军曾说过这样一句话：“领导力达到艺术的境界，是让他人心甘情愿来做你想完成的事情。”领导者要改变原本单纯下命令的方式，由压服到说服，才能实现人尽其才的效果。

想要抓住痛点，由压服到说服，对于领导者来说，说服下属之前，首先，你必须先善于听，让下属充分而全面地表达自己内心的想法；其次，你要懂得理解，让下属感受到你是一位千里难觅的知音；再次，你要善于协调，要把你的想法、目标、计划完美地说出来，而且还要强调你的想法可以和下属的想法协调起来，是互利的；最后，你要懂得感化，你要使对方真切地感受到你们从事的工作是高尚的，用这种信念激励你的下属。

003

[说服的关键在于心理认同]

有这样一个人们津津乐道的故事。

一天，诗人拜伦在街上散步，偶然间发现一位盲人在街上行乞，他的身前挂着一块牌子，上面写道：“自幼失明，沿街乞讨。”

可是，这并没有吸引路人的注意力，大家依然匆匆赶路。过去了好久，盲人没有收到一分钱。

拜伦走上前，擦掉了牌子上原来的字，重新写道：“春天来了，我却看不见它。”

结果，写出这句话之后，街上的行人纷纷给这位盲人捐钱。

为什么一句话就让结局发生了具大的转变呢？很简单，是因为诗人拜伦把话说到了人们的心里，激起了人们的认同，自然也就达到了说服的目的。

心理学研究发现：一个人的情感是引导其行动的先知。积极的情感会带来积极的行为效果。所以，如果你想说服对方，那么，首先你就要了解对方的心理，要将说服的话说到对方的心坎里。这样，不用你多说，他人就会自觉地按照你的想法去做。

一次，一位领导对下属说："你看××副经理能力多强，做事多到位！如果我没记错，你俩几乎是同时来到咱们公司的吧。可是，如今人家都升职为副经理了，而你却依然是一个普通员工，好好向人家学习学习吧！"

下属没有说什么，只是点了点头。

然而，回去之后，这位下属却在社交软件上对朋友说："哼，这个领导整天说这个人好，那个人好，觉得他们都好，还把工作交给我干嘛？直接找那些'好人'去算了。"

人们常说"忠言逆耳"。作为领导，虽然有些时候，你对下属是善意的忠告，但是，你的忠告却令下属不高兴，可见，只有为下属着想的愿望还不够，还要顾及到下属的自尊心。如果你的说服伤害到了下属的自尊心，那么，即便你是出于善意，甚至苦口婆心的忠告，其效果也会适得其反。因为你说的话虽然指出了下属的不足，而且下属也认同你的观点，但是出于自尊心，他也不会心甘情愿地接受你的意见，这样领导者的说服也就失败了。

工作中，为什么很多人几乎跑断了腿也难以办成事，而一些人仅仅与他人相见一次却能达成目的呢？一个重要的原因就是要获得对方的心理认同。作为领导者，想要很好地说服下属，除了说服内容符合对方心理外，形式上还要满足对方的心理认同，包括：

第一，语气缓和，态度和善。说服是为了让下属更好地工作。因此，领导者在试图说服下属的时候，态度一定要谦和，语气要多一些温柔，少一些强硬。

第二，选择恰当的场合和时机。当下属尽了最大的努力而没有很好地完成工作时，作为领导，此时一定不要说“如果你这么做就更好了”之类的话。即使你指出了对方工作方面存在的问题，但是，下属心里也会对你产生反感，更不会接受你说的话，认为你是“事后装好人”。

第三，说服时加入一些感情。有人说：“说服就是通过触动对方的感情神经而产生效果的。”诚然，在说服时注入感情，拉近彼此之间的感情距离，让下属感觉到你是在设身处地地为他们着想，自然，你的说服就能达到目的了。

004

[说服是因人而异的说话方式]

一艘船在行驶的途中被发现超载，如果无人下船，全船都将沉没。

船长走到甲跟前，对他说，由于超载，船就要沉了，想要保住性命就只能跳海游过去，否则只有死路一条。贪生怕死的甲立刻跳入海中。

船长又走到乙跟前，告诉他必须服从，这是纪律。惯于服从命令的乙也跳下去了。

船长又走到丙跟前，对他说，别担心，我相信你的跳水姿势一定很美。虚荣心得到满足的丙也跳了下去。

船长又走到丁身边，对他说了事情的严重性，但丁耸耸肩膀，拒绝跳下去。船长说："别担心，你的船票中，我们已经给你投了80万元的保险。"丁很满意地跳了下去。

世界之大，人各有异。有些人性格内向，对这样的人说话要注意方式方法，把握好分寸；有些人性格外向，对这样的人说话无须过分注重小节，有规有矩的谈话方式反而让他们反感。因此，当你与不同的人交往的时候，要选择运用不同的沟通方式，如此，才能让对方接受。

说服也是如此，想要说服成功，要因人而异的采取不同的态度、不同的方法。

一家公司的经理通过多年的工作经验总结出这样一个道理：对待不同的员工，要采取不同的方法。他认为，世界上每个人都有自己独特的个性，都是与众不同的。所以，决不能运用相同的办法来对待所有的员工。

在他的公司中，有两个员工最初的时候表现并不好。他通过了解，发现这两个人个性不同，于是，他分别把这两个员工叫到办公室，对其中一个进行严厉批评；而对另一个却大加鼓励，只要他有一点儿进步都予以表扬。

他采取的办法不同，但是最终的结果是一样的，两个员工都开始努力工作。

这位经理的管理方法无疑给了我们启示。这个世界，正因为事物有着迥然的不同，才多姿多彩。人也是如此，不同的人会有不同的个性。在试图说服他们的时候，领导者如果能够因地制宜、因人制宜，根据他们的不同个性搔到痒处，那么说服起来也会变得简单很多，相反，如果你忽视了员工的具体情况，拘泥于管理模式，无疑，结果是糟糕的。所以，对于管理来说，适合很重要，只有适合的才是最好的。

“世有伯乐，然后有千里马。”诚然，再好的马，如果没有发现它的伯乐，那么这匹马和普通马也没有什么区别，它的优势永远难以展现，光芒也永远被遮掩。同样的道理，说服员工也要具备一双慧眼。正所谓“知己知彼，百战不殆”，在说服对方之前，必须透彻地了解被说服者的有关情况，对症下药，如此才能让对方心甘情愿、积极主动地配合你工作。

那么，如何了解说服员工呢？

第一，性格。由于人与人之间的性格不同，所以员工对说服的接受程度也是不同的。但是，如果领导者了解了他们的性格，那么就可以按照他的性格特征有针对性地进行说服。无论是急躁之人还是持重之人，抑或是谦虚之人，说服他们对你来说都不是什么困难的事情。

第二，长处。下属的长处就是他们比较熟悉、了解的领域。领导者在试图说服他们的时候，如果能够从他们熟悉的领域着手，就能打开他们的“话匣子”，并与他们产生共同语言，在说服他们的时候也容易产生共鸣，这样既能彰显你对他们重视的一面，还能引起他们对工作的浓厚兴趣。

第三，情绪。通常来说，影响下属情绪的主要原因：1. 对方被之前的事情影响，心绪波动较大；2. 谈话时下属的注意力正集中在其他方面；3. 对领导者的看法和态度。所以，领导者在说服下属之前要先了解下属当时的思想动态和情绪，这决定着领导者说服的成败。

005

[运用限定期限达成说服目的]

一次，在审理案件的时候，陪审团由12个工人担任。

陪审团中有10个人断定被告有罪，只有2个人认为被告无罪。

因为最终的判决只有在陪审团达成一致的时候才能对被告人定罪，所以，陪审团中认定被告有罪的这10个人用尽心思劝说那两个持不同看法的陪审员。

其间，忽然天空中布满了乌云，一场大雨即将要降临。那10个工人看到大雨在即，都着急要赶回去收拾仍放在院子里的工具。可是，那两位持反对意见的工人仍不动摇，坚持己见。那10个工人十分着急，因为工具被雨淋了，明天用什么干活呢？他们的立场开始动摇了。随着一道闪电划过，那10个工人更加着急了，最后，他们推翻了自己先前的意见，一致承认被告无罪。

有人说时间是金钱，有人说时间是晨光中的金子，对于不同的人来说，时间有着不同的价值，但都很珍贵。所以，在试图说服对方的过程中，巧妙地运用一些时间因素，往往是轻松达成目的的一种有效办法。

因此，在说服的过程中，如果你和对方因为某件事情而一时难以达成一致的协议，切勿操之过急，匆忙解决问题，而要把握好限定期限的说服策略，如果能够规定出说服的最终期限，在最终期限将要来临之时，在限期的压力下，对方会自动倒戈，转而支持你的想法。这就是限定期限的说服策略。

北京某公司经理应上海某公司经理的邀请去上海洽谈一笔生意，这次洽谈至关重要，双方都很重视。

北京一方派出了由公司总裁带队，偕同夫人以及财务、律师等负责人组成的代表团。代表团一抵达上海时，就受到了热烈的欢迎。在前往宾馆的途中，上海公司的经理夫人询问北京公司的经理夫人："这个季节正是上海的好季节，此次前来一定要好好玩玩。"北京的经理夫人回答道："真希望能够在上海好好走一走、转一转。但是，实在可惜，我们已经订了3天后回京的机票。"

结果，上海一方把第一天、第二天的时间都用来安排北京公司的观光游览，第三天才开始洽谈生意。此时，上海一方搬出了许多的资料，向北京一方提供信息，尽管北京一方的工作人员费尽心力看这些资料，但仍有一些合同条款没有时间仔细研究就到了签约的时间，北京一方进退维谷：拒绝签约，此行如此兴师动众，空手而归，显然有失面子；同意签约，但还有一些条款没有仔细推敲，这其中肯定也有问题。

时间有限，在无可奈何之下，北京方代表同意了签约，接受了不利于自己的全部条件。

通常来说，如果能有一个准确的说服结束时间，是能起到比较积极的作用。权威人士通过调查发现，一个人旺盛的精力在一天之中是有限的，不可能持续存在着，所以，随着时间的推移，人的精力会有下降，但是，在说服步入尾声的时候，这种旺盛的精力又会再一次地出现。此时，人们会振作精神地提出建设性的意见，在意见难以达成一致的时候，人们还会做出一些妥协让步。所以，面对一些棘手的问题时，可以暂时保持低调，当最后期限到来时，借助时间期限这一无形的压力说服对方，堪称是一种很不错的策略。

为了使领导者更好地运用限定期限的策略说服对方，以下几点需要注意。

第一，有耐性。由于多数的让步和决议是在限定期限临近的时候下定论的，所以，对于领导者来说，耐性很重要，要冷静而敏锐地等待有利时机，然后果断出击。

第二，不要向对方说出截止日期。当领导者想要说服对方的时候，千万不可向对方说出最终期限，因为最终期限比人们想象中的要灵活很多。不要认为自己知道截止日期的种种好处与弊端就可以随意说出，这样很容易使对方提高警惕，打乱你的原定计划，导致整个说服过程失败。

第三，不要被对方表面的冷静蒙蔽。领导者在说服的过程中，不要认为对方总是保持一副冷静的姿态就难以作出抉择，因为任何一次说服都是有截至日期的，所以，通常来说，表面故作冷静的他们常常是为了掩盖内心的紧张。

第四，不要草率行事。在说服的过程中，如果不能保证某些问题对自己有利，就不要急于行事。通常来说，某些时候的速度是难以得到最佳结果的，放慢速度往往更容易取得好的结果。

006

[用巧妙暗示代替直言不讳]

一个小男孩站在玻璃柜台前，看着柜台中的美味蛋糕。

“小朋友，你一直站在这里干什么？”甜品店的老板打趣地问道。

“没事啊。”小男孩回答说。

“没事？我怎么觉得你想拿这些味道甜美的蛋糕呢？”老板说。

“没有，叔叔，你错怪我了，我是在告诉自己一定不要拿。”小男孩顽皮地回答。

老板被小男孩的回答逗得哈哈大笑，于是，他拿出一块蛋糕送给了小男孩。

在这个故事里，聪明的小男孩已经对柜台里的蛋糕垂涎很久了，但是，当甜品店老板问他的时候，他却不直接说自己很想吃蛋糕，而是用暗示的方式，巧妙地告诉甜品店老板：“我是在告诉自己一定不要拿。”表面看来，他似乎是否定了老板的话，但实际上将自己的想法转化了一种方式，通过巧妙的暗示表达出自己内心真实的想法。面对这种暗示的说服方式，人们在喜笑颜开的同时，也会帮助对方达成内心的渴求，所以，小男孩得到了蛋糕。

在生活和工作中，巧妙的暗示会比直言不讳更好地达成说服的目的。在试图说服对方的时候，大家应该明确：直话直说不能称之为智慧之人，巧妙暗示才是真正的智者，他们间接地用另一种方式表达出自己的说话意图，不仅能达到说服的效果，还能避免直言引发的针锋相对，是一种不错的委婉说服的方式。

星期三是小王要去拜访客户的时间，事先他已经向领导打过招呼了，但是到了星期三，领导却发现小王依然坐在办公室里浏览网页新闻。

领导有些不高兴了，心想：这小王今天说要去见客户，还不赶紧去？居然坐在这里浏览新闻网页！但是，走到小王跟前的时候，领导却微笑着说：“小王，你是上午去拜访客户？还是下午去拜访客户？”

小王明白领导这是在暗示他：别忘了去拜访客户，于是，小王回答道：“我准备点儿资料，这就去了。”

作为领导，如果你发现员工没有在预订的时间内做自己的事情，此时，你是直言不讳地批评下属，提出警告，还是用暗示性的语言提醒下属呢？显然，后者效果更佳。

要说服下属按你的意思行事，或者说服下属服从你的命令是一门学问，不懂得其中道理的领导者就容易采取直接的方式。要知道人是有自主意识的，即便你的道理很正确，理论也很充分，但是难以说服下属的情感时，下属就会拒服。

特别是下属对你有意见的时候，无论你的计划多么好，你的见解多么深刻，下属可能表面含糊其辞地答应，实则根本不拿你说的话当回事。这时候，即便你发现了下属的态度存在问题，也不要直言指责，否则除了会使你们之间的关系更加僵化外，别无所获；此时如果你懂得使用一些暗示性的语言与下属进行沟通，那么下属往往更愿意顺从你的意见。

007

[站在对方的立场上阐述观点]

据说，有一位不懂得孝顺婆母的媳妇，她嫌婆母年纪大又不能自理，于是特地选了一个破瓷碗作为婆母吃饭的专用碗。这位媳妇的母亲很有修养，听说了这件事后不动声色地来到女儿家。见母亲来访，女儿自然好饭好菜招待，谁知母亲拒绝了所有的餐具，点名要用那个又破又脏的旧瓷碗。女儿明白了母亲的心意，从此善待婆母。

这位母亲用设身处地的方法说服了自己的女儿。让自己最亲的母亲去喝自己酿制的苦酒也就等于逼着她自己去喝，只有在这种境地中她才能体会到被侮辱的滋味，也只有在这种境遇中她才能对自己原先的所作所为进行反思并且痛改前非。这种方法让他们亲自看到后果，并且为之痛心不已。

有一些人对自己的所作所为会产生怎样的后果并没有切身的体会，所以他们不懂得及时改正自己的错误做法，所以当他们忘记了“己所不欲，勿施于人”的古训时，最简单的劝说方法莫过于让他们自己尝一尝所酿的苦酒。

每一个人都有自己的立场。如果我们能够站在别人的立场上，换个角度，设身处地地为他人着想，那么就不难理解别人的行为举止了。当我们真正做到这一点时，人际关系也会变得越来越好，活得也会越来越开心。很多时候，如果我们及时调整心态，站在对方的立场思考问题，就会变被动为主动，迅速博得谅解与认同。实践证明：对善于“投桃”的人，现实总会对他“报李”，从而化腐朽为神奇。

电影《周恩来》中邓颖超的扮演者郑小娟在拍摄《周恩来》之前，从未上过镜头。但是她初上银幕，就取得了巨大的成功，把邓颖超的形象塑造得惟妙惟肖，给广大观众留下了十分深刻的印象。其实，开始的时候，郑小娟是不愿意拍摄这部电影的。这让《周恩来》的导演丁荫楠非常失望。后来，影片一切的准备工作都就序了，就要开拍了，唯独邓颖超一角的演员仍没有找到合适的。导演非常着急，无奈之下找到了郑小娟的丈夫姜坤，希望姜坤能够帮助劝说郑小娟出演邓颖超一角。姜坤是一个非常热情的人，立刻把这件事应承了下来。郑小娟发现自己的丈夫也来劝说自己了，非常生气，怪他自作主张。但是姜坤的一席话居然说动了郑小娟。

姜坤说：“我代你应下演邓颖超有四条理由：其一，各种艺术的规律是相通的，你不用为不懂表演艺术而担心，只要用心去学就能成功；其二，你要想在美术方面有所发展，也应该从姐妹艺术中汲取营养；其三，你趁拍电影出去走走，对身体大有好处；最重要的一点是他们是拍咱们敬爱的周总理，应该全力相助。”郑小娟觉得丈夫说的很有道理，于是同意出演邓颖超一角并一举成功。

姜坤的一席话说得很简单，可是为什么能够打动郑小娟呢？其实，只要仔细分析一下就会发现，姜坤所说的这四条理由并不简单，说动郑小娟也就在情理之中了。

作为丈夫很了解自己的妻子。郑小娟其实不是完全不想演，她只是认为自己从未涉足银幕，担心演不好。在这种情况下，姜坤劝她不必担心。姜坤认为，绘画是艺术，拍电影也是艺术，而“各种艺术的规律是相通的”。既然是相通的，那么学起来就容易多了。这样的理由让郑小娟无法拒绝。姜坤知道，郑小娟是一位好画家，深深热爱自己的美术事业。基于此，姜坤告诉郑小娟，拍电影，可以从“姐妹艺术中汲取营养”，可以进一步促进自己的绘画艺术，这不是一件一举两得的事情吗？这样的理由，郑小娟更是没有办法拒绝。既然有利于事业，何乐而不为呢？这样的理由正好说到了热爱绘画事业的郑小娟心里，这也是郑小娟欣然答应姜坤的理由之一。郑小娟当初是以身体不好为借口拒绝了导演的请求，郑小娟身体不好，确实是事实。但是如果和大家在一起出去走走，散散心，这自然要比一个人总待在家里好得多，而且更有利于身体健康。这一点郑小娟无可辩驳。既然出去走走对自己的身体好，那么拍电影又正好提供了一个出去走走的机会，为什么还要放弃呢？郑小娟肯定也是这么想的。所以姜坤这第三条理由也是非常具有说服力的。

这最后一条理由是最具有说服力的。姜坤说:“他们是拍咱们敬爱的周总理，应该全力相助。”周总理是所有中国人仰慕的对象，郑小娟自然也是热爱周总理的。这个理由郑小娟肯定不会拒绝。就这样，姜坤动之以情，晓之以理，成功地说服了郑小娟。

姜坤正是抓住了妻子的心理，刻意站在妻子的角度思考问题，开导、劝勉、鼓励妻子，最终说服了郑小娟。我们完全可以这样说:郑小娟能在银幕上成功地塑造出邓颖超的光辉形象，与她丈夫的这番劝说是分不开的。

008

[用事实说话，可击破一切诡辩]

一天，伽利略带着两个形状相同、质量不同的铁球登上了50多米高的比萨斜塔。

塔下，人山人海。人们七嘴八舌地议论着，有人嘲讽他:“这个人一定是脑子出问题了，让他胡闹去吧！居然还会怀疑著名的亚里士多德重力理论！”

伽利略镇定地站在塔顶，两手分别拿着一个铁球，大声喊道:“大家仔细看着吧，铁球落下去了！”说完，他把手中的球同时放下，结果两个铁球平行下落，几乎是在相同的时间一起落在了地面上。

那些刚刚嘲笑他的人哑口无言。

其实，关于落体运动，人们很早就已经注意到了。在伽利略之前，著名学者亚里士多德认为，物体下落的速度是不同的，它的下落速度与它本身的重量成正比，也就是说，物体越重，那么，下落的速度就越快。老师一直用这种论断来教学生，从未有人对此产生过怀疑，这是因为人们认为亚里士多德提出的学说是学术界的正统学说，所以，根本没有人会提出质疑，更没有人敢去怀疑它。

但是，年轻的伽利略并未对这个人人都信奉的论断深信不疑，他通过多次的实验得出了不同的结论，大胆地站出来否定了亚里士多德的学说。他认为，虽然同样重量的东西会以相同的速度下落，但是，如果把两个重量相同的东西绑在一起，或者把多个重量相同的东西绑在一起，绑在一起的东西会比单个的东西下落的速度快，这是不可能的。所以，也就产生了上面这个故事。

流传了1000多年，被大家信奉的亚里士多德的学说在事实面前不得不引发人们的质疑。这正印证了那句话“事实是检验真理的唯一标准”。

车尔尼雪夫斯基曾说过：“实践是一切理论的无可争议的试金石，在这个场合也应该让它做我们的指导者。”通过实践得来的真理是不容置疑的“铁证”。所以，用事实来说服他人是最具说服力的一种方式。特别是在职场中，面对较真的下属，这往往是一种很好的办法。

俗话说：“真的假不了，假的真不了。”在各执一词，难以得出准确答案的时候，不要继续顽固地争论，继续争论下去除了引发冲突别无好处。这时不妨先放弃争论，搜集资料，用事实来说话，事实不容辩驳。

为了给公司争取由政府担保的20亿美元贷款，一家公司的总裁亲自出马，向新闻界阐述自己的想法，并在国会各个小组委员会面前接受大家接二连三的质问，但是政府依然不同意为其公司做担保。

别无他法，这位老总采取了以事实做依据的游说。他说，如果议员们都投反对票，那么因本公司破产而失业的人们将怨恨他们，他们的议员位置也将受到威胁；而且一旦自己的公司破产，政府还要为失业人员支付高额的失业保险金和社会福利。

最后，国会同意由政府做担保贷款给他的公司20亿美元的提案。

双方的方法究竟是谁的正确、谁的错误，不在于空谈或善辩，而在于实践。对于缺少实际效果的空谈与诡辩，我们可以用事实做论断，那些狡辩的人也就哑口无言了。

事实胜于雄辩，再强硬的反对意见在事实面前也将不堪一击。所以，领导者想说服合作者或者下属的时候，最好呈现出事实证据。“用事实说话”可以有力地指出对方的论断是有悖事实的，它将是直接反驳他人的一种很好的方法。

第六章

看似闲聊，实则话里有话

人的一生离不开闲谈和办事这两个环节，要办事先要学会闲谈。对于领导者来说，闲谈更是十分重要，因为要想把管理工作做好，把事情处理好，就必须掌握有效的闲谈艺术，既平易近人，又不失威信，在这种恰当的氛围中，你的工作自然如鱼得水。

001

[含蓄是一种美德]

一天，一位客人受邀赴宴。坐定之后，发现桌上盘子甚多菜肴却稀少。他借口说自己视力不好，需要戴上一副眼镜，好好地看看桌子上的菜。

客人戴上眼镜之后，先是感谢主人的盛情款待，然后说主人太破费了，弄了这么多的菜。

主人纳闷地说道:“也没准备什么菜，怎么说盛情款待呢?”

客人说:“满桌都是，怎么能说没菜呢?”

主人说:“哪里有菜?”

客人指指盘内说:“这不是菜，难道是肉不成?”

客人面对小气的主人不好直接说出，就含蓄委婉地用几句妙语指出主人太过吝啬，实在有趣。

在人际交往中，想说什么就说什么固然不能说是一种不好的习惯，但是，在我们的身边有时难免会遇到不便直说、不能直说的情况。如果直话直说，可能会不利于你与他人的友好关系，给自己带来不必要的麻烦。为了防止不愉快的事情发生，说话还是要注意一点儿分寸，讲究一点儿技巧，用委婉含蓄代替直话直说。

含蓄，是一种巧妙的语言表达方式，也是一种充满艺术性的说话技巧。在与他人交流的过程中，当你十分想表达自己内心的愿望却又难以开口之时，不妨使用含蓄的表达方法。它有时要比滔滔不绝更能直入人心，收到满意的效果。比如，一位母亲为了让自己孩子的英语成绩得到提高，说道："宝贝，你真棒，这次你的各科成绩进步了很多，但是如果你的英语成绩再高一点儿的话，就更好了。"

含蓄是一种美，无论在设计方面还是文学创作中，含蓄都是一种彰显美与德的艺术。从某些方面来说，缺少了含蓄，就缺少了美，难以滋养出艺术之花。

含蓄也是一种美德，它能照顾到说者与听者的心情，帮助我们解除尴尬。巧妙地说出含蓄的语言，乍听起来似乎如蜻蜓点水，却从另一个层面指出了问题的关键点。丘吉尔曾说过一句话："英国在许多战役中都是注定要被打败的，除了最后一仗。"这句话既表明了英国的力量，也彰显了含蓄的美。

一天，查尔斯·斯科尔特发现几个工人正在他所管理的美国钢铁公司的一家钢铁厂中肆无忌惮地抽烟，在他们头上正好悬挂着一块"禁止吸烟"的牌子。

如果将斯科尔特换成你，你会采取怎样的做法呢？是走上前去，指着他们头上的那块大牌子说："你们没看到牌子上的字吗？”还是走过去狠狠地责骂他们呢？也许很多领导在看到这一幕的时候都会采取上面两种做法。但是，斯科尔特却没有这样做。

他走到那几位员工跟前，给他们每人递上一根雪茄，然后说：“各位，如果你们可以到外面去抽这根雪茄，我将不胜感激。”

几位工人马上认识到了自己的错误，同时，他们也更加敬重斯科尔特了。

作为领导者，当面说出员工的错误，只会让对方继续这种劣行，而含蓄地说出自己心中的想法，则更容易达到好的效果。

英国著名的思想家培根说过：“交谈时的含蓄和得体比口若悬河更可贵。”是的，含蓄是一种非常有韵味的语言风格，既有“曲径通幽”的玄妙，又能领略到“柳暗花明又一村”的美好结果，称得上是一种巧妙的表达效果。

领导者学会运用含蓄的表达方式，既能让下属赢得体面，也是对他人的一种尊重。点破不说破，点到为止，最为巧妙，不仅能留下彼此回旋的余地，也会引发对方的深思。

002

[真诚的话语最能打动人心]

北宋词人晏殊以说话“真诚”而闻名，晏殊任职期间，每逢休假日，京城中的大小官员都会聚到一起到外面吃吃喝喝。晏殊的家境十分贫穷，没有钱和他们一起出去吃喝，只好和朋友待在家中读书。

有一次，宋真宗点名让晏殊担任辅佐太子的职位，很多大臣对选择晏殊担任辅佐太子一职抱有疑虑，宋真宗对大臣们说道：“近来群臣经常出门游玩畅饮，但只有晏殊与他的朋友们闭门不出，每天读书，如此自重谨慎之人，难道不是最合适的人选吗？”

晏殊听完皇上的话马上磕头谢恩，并对宋真宗说道：“其实我也是个喜欢出去游玩畅饮之人，只是由于家里贫穷所以不能出去。如果我家里有钱，也就和大家一同去饮宴了。”宋真宗听后十分诧异，又被晏殊的真诚所打动，从此之后便对晏殊更加信任了。

某主持人在谈到采访经验时说道：“问话不仅要使人‘懂’，

还要使人‘动’，使人心动，与你产生共鸣。”双方坦诚相见，抱着互利平等的心态，不要有居高临下的态势，不要给对方设置障碍、罗列难题，这样便能够获得对方的信任，使得大家能够在祥和的气氛下交流，一起探讨切磋。

真诚的语言无论对说者还是听者都十分重要。说话的魅力不在于语言表达得有多么流畅，而在于所表达出来的是否发自你的内心、是否是真诚的。心理学家发现：能够打动人心的沟通，应该是发自内心的，要口到、眼到、心到、情到，这样才能让自己的语言如同春风、春雨，暖透人心。古人云：“功成理定何神速，速在推心置人腹。”说的也是这个道理。

在松下电器还是一个小工厂的时候，松下幸之助作为公司的领导，总是亲自出门去推销自己的产品，每次遇到对方砍价的时候，松下幸之助真诚地对道：

“我们是一个小工厂，如此炎热的天气，工人们在炙热的铁板上加工产品，几乎每个人都汗流浃背，但依然努力地工作，好不容易才把产品制造出来，如果按照正常的成本计算，应该是每件 ×× 元。”听完这番话，对方总是不好意思地笑一笑，然后就按照松下幸之助开出的价格成交。

松下幸之助之所以能够推销成功，就在于他说话之中透露着真诚。他用短短几句话描述了工人的一幅劳动场景，语言质朴，感情真挚，唤起了对方的同情心。正是因为他的真诚，换取了对方的合作。由此可见，具有真情实感的说话方式是多么重要。

提高语言的表达能力，把话说好、说明白，不仅仅在于说话者准确、流畅地表达思想，还在于表达的内容能让对方感受到你的真诚，让听众产生共鸣。换句话说，把话说好，关键在于能够打动别人。因此，只有语言真诚，让语言融入情感，说的话才能说服听众。

鲁迅曾经说过：“只有真的声音，才能感动中国的人和世界的人；必须有了真的声音，才能和世界的人同在世界上生活。”作为领导者，更应该知晓真诚的分量，因为真诚是领导力的源泉。那么，领导者要怎么做才算得上是真诚呢？

第一，对他人说包含情感的语言。人是情感丰富的高级动物，情感又是人重要的组成部分，它是人对其他人是否符合自己标准的测量尺，这种内心的感受需要外界的物质刺激。有研究表明，包含情感的语言是唤起对方情感共鸣的有力武器。运用真诚的语言，能够使双方关系融洽，形成一个良好的人际沟通氛围，可以迅速地强化对方的感性认识，能够有效地推动人们某种行动。

第二，要有实际的行动。有一句话需要领导者铭记在心：“说100遍不如行动一次。”如果领导一直在口头说：“下属悲伤我也难过”“我真的很珍惜你这个人才”“我时刻准备为大家牺牲”，这些词语虽然华丽，但仅仅停留在嘴上，会让下属感到领导很虚伪，所以，与其说这些华丽的词语，不如让员工看到你的具体行动。

003

[谈吐幽默，让你更受欢迎]

哲学家乔治·桑塔亚经过一番深思熟虑，最后选定了一个结束他在哈佛大学教授生活的日子。

那天，当他在哈佛大礼堂讲授最后一堂课时，一只美丽的鸟从远处飞来，停在窗台边，一边瞪着圆溜溜的小眼睛向四周打量，一边高兴地欢叫着。

桑塔亚被鸟儿动听的声音吸引，出神地望着小鸟，过去了好久，他转过头来对听众说："很抱歉，诸位，我要失陪了，因为我与春天有个约会。"说完，就微笑着走了出去。

这句富有诗意的结束语让人充满了联想，也颇具幽默的味道，听众纷纷向桑塔亚的这句结束语投以了热烈的掌声。

幽默反映了一个人对待生活的态度，也彰显了一个人的自信。只有对自己的未来充满自信和希望的人，他们的内心才会积存幽默的因子，才会发现生活中不经意间的小幽默，用幽默来填平生活留下的沟沟坎坎。对那些每天眉头紧锁的人来说，他们总是生活在痛苦和绝望之中，快乐对他们来说只不过是来去匆匆的过客。这样的人，他们的谈吐又怎会彰显出幽默的味道呢?

幽默并不是某一个人的专利品，它是每个人都可以掌握的一种语言艺术。昂里艾特·比妮耶曾说过:“幽默是我们身体中最理智的一部分，是治疗剂。幽默能让我们驱逐恐惧，发泄对权威的不满，补偿自己的不足，为自己的失败复仇。您的心理分析家总是这样告诫您:‘如果我们不在厄运面前发笑，我们就会从窗口跳楼自杀，或跑去杀死同楼的邻居。’幸好，我们中间的多数人都会笑，所以死亡率大大降低了。”

中国现代著名语言学家林语堂先生表示:“幽默”对一个民族来说，是生活中非常必要的条件。他指出，德国的威廉皇帝由于缺乏幽默能力，结果丧失了一个帝国。在与他人接触中，威廉二世总是昂着高傲的头，好像是在跟谁生气似的，让人产生距离感。很多的伟大领袖或者政治家，都非常具有幽默感，深受人们爱戴。

所以，在工作中，如果你懂得发挥幽默的力量，借助它来活跃紧张的气氛，将会让你获益匪浅，更加受员工欢迎。

有一次，一个公司举行年度庆功会，一个员工刚刚进入公司，第一次参加这样大型的会议，心里有些紧张，在与领导碰杯时，由于过度紧张，用力过猛，竟将一杯酒泼到了领导的鞋上，新员工马上不好意思地道歉，可领导却用纸巾擦干净了鞋上的酒，笑着说:“小伙子，你以为用酒就能将我的鞋擦得更亮一些吗？我可没听说过这个好方法呀！”在场的人都笑了，也给新员工解了围。

在工作中，经常会在员工身上发生一些意想不到的失态，让彼此都狼狈不堪。如果在这个时候，你能适时地幽默一下，那么，窘境就很容易解决了。在与同事的交往中，适当地开个小玩笑，可以缓解气氛、松弛神经，营造出一个轻松愉快的工作氛围。

恩格斯曾经说过：“幽默是具有智慧、教养和道德优越感的表现。”的确，幽默是一种彰显说话者的风度、素养和魅力的举动，能在轻松活泼的氛围中巧妙化解尴尬，同时幽默也是一种深奥的说话艺术，不仅能将快乐带给身边的人，而且也可以增添一个人的语言魅力，锦上添花。

将幽默运用在管理中，回馈领导者的也会是一个不错的答卷。美国曾做过一项研究，对1000多名领导者进行调查，结果发现：3/4的领导者经常在会议中以幽默的方式打破僵局；一半以上的领导者认为幽默可以促进业务的拓展；1/2的领导者认为企业应该聘请一位“幽默顾问”来缓解员工的紧张情绪；1/3的领导者提倡在员工中“开怀大笑”。而且，一些颇有影响力的跨国公司已经指出领导者应当将幽默融入日常的管理活动中，并把它作为一种领导力的培训方式。

其实，世界中处处充满幽默，关键是你要睁大眼睛去发现，竖起耳朵去倾听。在两家店铺前有这样幽默的广告语。一家经营瓷砖和地板的商铺门前写着："欢迎顾客踩在我们身上！"另一家花店门口写着："先生！挑选一些美丽的鲜花给自己心爱的女人吧，但同时别忘了你太太。"

幽默来源于两方面，一方面是你真诚的内心，另一方面是生活中的客观世界。如果你能用智慧把两个方面融合起来，并运用适当的技巧和创造性的新意去开发你的幽默基因，你很快会意识到自己竟然已经置身于一个趣味盎然的生活中了，成功领导者的形象也就离你不远了。

004

[对不同的人，用不同的说话方式]

《红楼梦》中有这样一段故事：

话说，贾赦看上了老太太身边的丫鬟鸳鸯，邢夫人为了自保，便只能逢迎贾赦的意思，叫来凤姐希望她能帮忙此事。

可是，凤姐一听，先是假借贾母之口拒绝，但邢夫人说道："大家子三房四妾的也多，偏偏咱们就使不得……我叫了你来，不过商议商议，你先派上了一篇不是。也有叫你要去的理？自然是我说去。你倒说我不劝，你还不知道那性子的，劝不成，先和我恼了。"

凤姐看出邢夫人不高兴了，连忙赔笑道："太太这话说得极是。我活了多大？知道什么轻重？想来父母跟前，别说一个丫头，就是那么大的活宝贝，不给老爷给谁？背地里的话哪里信得？我竟是个呆子。琏二爷或有日得了不是？老爷太太恨得那样，恨不得立刻拿来一下子打死，及至见了面，也罢了，依旧拿着老爷太太心爱的东西赏他。如今老太太待老爷，自然也是那样了。依我说，老太太今儿喜欢，要讨今儿就讨去，我先过去哄着老太太发笑，等太太过去了，我搭讪着走开，我把屋子里的人也带开，太太好和老太太说的。给了更好，不给也没妨碍，众人也不知道。"

邢夫人见她这般说，便又欢喜起来。

从这个故事中，我们可以看出王熙凤是一个多么机警的人，看到风声不对，马上调转方向，讨得邢夫人心花怒放。

脂砚斋评《红楼梦》时曾对王熙凤做出过这样的描述：

她并没有预备衣料，她是机变欺人，但是王夫人就点头相信了。像这样的例子多得很。还有在大观园那个诗社，探春这里刚出口，说凤姐我们想请你做个"监社御史"，凤姐马上就猜到你们是缺个"进钱的铜商"，你们是想要我兜里的银子，所以她说："我明儿立刻上任，放下50两银子给你们慢慢做会社东道。"这边刚刚说，她那里早就猜到了，大家都笑起来，所以李纨说："你真是个水晶心肝玻璃人。"

人各有其情、各有其性。所以，说话要因人而异，只有"求神看佛，说话看人”，才能产生共振效应。

我国古代教育家孔子在教育学生的时候总是会根据学生的不同性格来回答他们的问题。

一次，仲由问孔子：“听到了，就可以去做吗？”

孔子回答说：“不可以。”

而当冉求也问同样的问题时，孔子却回答说：“想做就大胆去做。”

公西华听了，有些疑惑，说道：“他们的问题相同，但你的回答怎么不同呢？”

孔子回答说：“冉求做事总是畏首畏尾，所以，我希望他能大胆前进，仲由好胜心太强，胆子太大，所以，我告诉他做事要三思而后行。”

可见，孔子在教育学生的时候也是因材施教的。

一位领导者有两位得力的助手，一位是性格暴躁的萧烈，另一个是身有傲骨的秋林。这位领导者抓住了两人的脾气秉性，所以，在工作中总是能将他们的价值发挥到最大。

一天，他们部门遇到了一件棘手的工作，除了萧烈之外，其他人都难以胜任，于是领导者找来了萧烈，但并没有说派谁去做，而是先与他谈到了这件棘手的工作，说这项工作没有人可以做，只能让其他部门去做，丢人就丢人吧。

结果，萧烈主动请缨，领导者佯装没听见，说道："这项工作难度很大啊，要不然还是让秋林去做吧，如果让他做，我还比较放心。"

萧烈说："领导不要小瞧我！我一定能将这项工作完成好，否则我就主动辞职。"

领导见"激将法"起了作用，便顺水推舟地说："既然你这么坚决，那就由你来做吧！"

结果工作顺利地完成了。

而这件事却被秋林听说了，他走进领导者的办公室，询问为什么没有让他来完成这项有难度的工作。

领导说道："前段时间你正负责公司的另一个重要项目，除了你又有谁能胜任此事呢？如果那时把你调开做这件事情，将给公司造成巨大的损失啊！"

秋林听后，美滋滋地离开了。

战国时期著名的纵横家鬼谷子曾经精辟地总结出与各种各样的人交谈的方法："与智者言依于博，与博者言依于辨，与贵者言依于势，与富者言依于高，与贫者言依于利，与贱者言依于谦，与勇者言依于敢，与过者言依于锐。""说人主者，必与之言奇，说人臣者，必与之言私。"

意思是说：和聪明的人说话，要见识广博；和见闻广博的人说话，要有辨析能力；与地位高的人说话，态度要轩昂；与有钱的人说话，立论要高；与穷人说话，要以利益为主；与地位低下的人说话，要谦逊有礼；与勇敢的人说话，不能稍显怯懦；与愚笨的人说话，可以锋芒毕露；与上司说话，就要懂得察言观色，沿着他们的说话逻辑来表达，才能说到对方心里；与下属说话，要懂得换位思考。

的确，人与人的性格不同，自然要采取不同的说话方式，作为领导者更需如此。

俗话说："一样米养百样人。"一个企业会招聘不同的人员，领导者的身边也总是围绕着形形色色不同的下属，所以，同样的话说给不同的人听，也会有不同的效果。那么，领导者如何应对不同的下属呢？

第一，头脑冷静之人。

当你与他谈话的时候，你发现他一直在边听，边思索、分析。与这样的人说话不要急于得到反馈意见，因为他们具有很强的分析能力，所以，在谈话之后，他们会逐层分析，而后主动联系你。

第二，不善于思考之人。

这样的人不能够同时吸收太多的资料，他们不喜欢推理问题，而是急于想知道你的最终结论。与这样的人说话，要切中要害、直入主题。

第三，富有幻想之人。

有的下属想象力很好，在你与他们说话的时候，他们经常会产生自己的想象，并将自己的想象加入到你们的谈话中。跟这样的人说话不要总是滔滔不绝，要时常停顿一下，以防他们又陷入虚无缥缈的想象中去。

第四，情绪激动之人。

有的人的情绪很容易激动，常常还没有听你述说完就悲伤起来，或者生起气来，或大发雷霆，结果弄错了你下面的话的意思。与这样的人说话要有耐心，要放慢语速，配合他们的习惯。

第五，富有人情世故之人。

有的人由于阅历较深，他们听你说话的时候，总是不喜欢走常规路线，而是喜欢解读你的“言外之意”，揣测你的话是在暗示什么。与这样的人说话要三思而行，以防你们之间的谈话造成不必要的误会。

005

[注重说话的小节，避免祸从口出]

有一个人邀请朋友吃饭，快要到中午了，还有几位朋友没有到。

见此，他自言自语地说：“为什么该来的还不来？”

有的客人心想：“该来的不来，这不就是说我们不该来吗？”于是找个借口离开了。

看到有朋友走了，这个人很自责说错了话，于是解释说：

“怎么不该走的又走了？”

其他的客人一听，心想：“不该走的走了，这么说，我们是该走的了！”于是，都起身告辞了。

唯一没走的一位多年的好友对他说：“你啊，就是不会说话，看看把这些朋友都气走了吧！”

那人有些委屈地解释说：“我说的不是他们。”

好友一听，十分生气地说道：“不是他们！那就是我了！”于是，他也气呼呼地走了。

在这个故事中，主人不重视说话的小节，结果把客人都得罪光了。

生活中，在你与他人交谈的时候，应当注意说话的小节，不能认为大家都是熟悉的朋友就信口开河、随便乱说，或者当着这个朋友议论那个朋友的是是非非，这些都是忽略小节的表现，很多人正是因为这样而失去了很多的朋友。

如今，有些人将轻浮误以为是洒脱，将放荡不羁误以为是个性展现。然而，正是这种认识上的错误使得很多人常常碰壁而不自知。在与他人交往的过程中，切勿说话轻浮、放荡不羁，说话之前要考虑一下你要说出口的话是否合时宜，不要不经过大脑，想说什么就说什么。生活的经验告诉我们：一定要管好自己的嘴巴，切忌忽略小节，否则就会祸从口出。

星期六，公司聚餐，一位叫陈风的员工家里有事，恰巧没有参加。

吃饭期间，一位同事说："陈风今天没来，真是太可惜了，这么多的美味，他是享受不到了。"

另一位同事开玩笑似地说："陈风是好男人，好不容易休息一下，人家当然回家陪老婆了。"

部门的主管听到这句话后说："什么老婆、老婆的，他还没结婚呢。"

同事们都很好奇，说："可是，陈风说他已经有老婆了。"

部门主管说："他从年前的时候就吵嚷着过年回家结婚，结果回来之后就鸦雀无声了。这显然是没结成嘛。估计是女方家父母没同意，你看陈风长得也有点儿太对不起观众了。"

结果，部门主管此话一出，刚刚热闹的吃饭场面顿时冷清下来了，大家淡淡地吃完饭就离开了。

古语有云："成大事者不拘小节。"很多领导者误认为在工作中只要大方向把握好，即使有点小错误，也完全不必放在心上。然而，正是这些常常被领导忽视的小节，让很多人在下属面前难以开展工作，更难以得到下属的认可，停止了自己的领导脚步。

有的领导者在公司总是摆出一副高高在上的姿态，在公司与人见面从来不先打招呼，即便人家与他们打招呼，也总是连看都不看别人一眼，"嗯"一声就过去了。不打招呼是小事，却能以小见大，让人从中看出"这是个傲慢且不尊重他人的人”。况且，如果你连最基本的“早上好”“明天见”“下午好”等日常的招呼也不会，又怎能称得上是言行得体的领导者呢？

在与他人交往的过程中，一个人的言行举止常常是其内心世界的反映，因此，领导者对于个人的言行举止必须十分注意，小节、信口开河等都会影响你在下属心目中的印象，不注意在一定程度上会导致你的领导力降低。所以，领导者要时时反思自己的言谈举止，虽然只是一些小节，但千里之堤溃于蚁穴。

006

[话长不如话短，话多不如话精]

《大话西游》中，唐僧说过这样一段经典的话：

“哎呀，悟空你也真调皮呀，我叫你不要乱扔东西呀！哎，乱扔东西是不对的……哎呀，我还没把话说完，你怎么把棍子也给扔掉了？月光宝盒是宝物，乱扔它会污染环境。嗳，砸到小朋友怎么办？就算砸不到小朋友，砸到花花草草也不好嘛！”

听到这些话，总会让人忍俊不禁。生活中也有很多这样的“唐僧”。

孩子放学后，一位妈妈一遍又一遍地对孩子说“回到家里先写作业”，可孩子将妈妈的话当做耳旁风，依旧不愿意写作业，即便写起来也是慢慢腾腾；妻子一遍又一遍地提醒丈夫“不能抽烟了”，可丈夫依然一根接一根地抽；婆婆一次又一次地打电话催儿女要孩子，但两人就是不生，很享受二人世界的乐趣……

为什么结果总是不遂人所愿呢？主要原因就是因为刺激过多，超过了一定的限度，引发了人们心里强烈的抵制情绪，结果导致事物朝反方向发展。

有的人说话，明明可以一句话就能讲清楚的，他却非要长篇大论，绕来绕去，毫无重点，让人听着都想睡觉。更有意思的是，这样的人对自己的毛病毫无所知，陶醉在自我“高妙的演说”之中，根本没有在意到听众已经如坐针毡了。

由此可见，如果你希望自己说的话能够让别人听进心里，并产生好的效果，就不能唠唠叨叨，不厌其烦地重复，而应当换种说法，在恰当的时候有重点地说出，将对方的逆反心理降到最低限度，到那时，你就会发现说得少反而比说得多更有影响力。

第二次世界大战期间，希特勒强势进攻，英国作战失利，节节败退，导致军心动摇，士气低沉。当时的英国首相丘吉尔认为应当做一场鼓舞士兵士气的演讲，拯救自己的国家。

当天，丘吉尔拄着拐杖，慢步走向讲台，然后用眼睛横扫了一下整个军营，语气坚定地说：“永不放弃！”

接着，又扫视了整个军营，继续坚定地说："永不放弃！"整个军营安静极了，大家都用崇敬的目光看着自己国家的首相。

然后，他又扫视了一次整个军营，大声地说："永不放弃，永不放弃，永不放弃，永不放弃！"全体士兵此刻无比兴奋，军营中响起了热烈的欢呼声。

此后，英国击败了德国人的进攻。

这就是被后人称颂的英国首相丘吉尔的著名演讲，同时也是世界上最精短的演讲。

子禽曾问自己的老师墨子："老师，多说话有好处吗？"墨子回答说："话说多了有什么好处呢？就像池塘里的青蛙整天呱呱叫，却从来没有人注意它。但是，公鸡在天亮时仅仅叫几声，大家就知道天要亮了，该起床了，所以话不要多说，话要说得契合时机。"

托尔斯泰说过："人的智慧越是深奥，其表达想法的语言就越简单。"真正打动人心的语言不是长篇大论，而是简单而有力度的语言。领导者说话更要如此。

在这个效率至上的时代，领导者更不能用一些长篇大论来耗费彼此的时间，折磨别人的耳朵，如果你能用简短而有重点地语言表达自己的思想，员工会更愿意倾听且更不容易出错。

作为领导者，必须经常训练自己简短且精练的谈吐。在说话之前，一定要先在头脑中过滤一遍自己将要阐述的内容，提炼出重点，既要说得好又要说得少。公司开会或者聚会的时候，领导要少说话，让员工多发表一些自己的观点，若是到了必须说的时候，你必须要注意自己所说内容的长短。无论是与下属探讨工作，或者与合作者洽谈生意、交际应酬，你说出的话一定要最大限度地达到不鸣则已、一鸣惊人的效果。

作为领导者，你希望自己的话引起下属的重视吗？你希望自己说的话能够使合作者引发深思吗？唯一的秘诀是少说话，说重点，让他人不嫌其多且觉意味深长。

007

[将交流建立在平等的基础上]

一天，英国伊丽莎白女王回家，在门口敲门。

丈夫问："谁？"

伊丽莎白很干脆地回答说："女王。"但丈夫却没有开门。

女王继续敲门，丈夫又继续问道："谁？"

伊丽莎白回答道："伊丽莎白。"丈夫依旧没有给她开门。

女王又继续敲门，丈夫仍然问："谁？"

伊丽莎白回答说："你的妻子。"丈夫打开了家门。

这个故事颇有趣味。女王虽然在他人眼中无比尊贵，可是回到家，她需要脱掉尊贵的女王身份，回归妻子的身份。聪明的伊丽莎白女王明白了这一点，智慧地做出了回答。

这个故事告诉我们，在与他人接触中要懂得尊重对方，切不可高抬自己或者居高临下，因为任何人都渴望平等的交流，唯有和对方保持平等的地位，你们之间的交流才能畅通。

在人与人接触的过程中，要求平等是人的天性，相互尊重是一个基础点。

美国加利福尼亚州立大学通过对企业内部沟通进行调查研究后发现：来自领导层的信息只有20%–25%被下级知道并正确理解，而从下向上反馈的信息有效接收率则不超过10%，平行交流的效率则可达到90%以上。通过进一步研究得出结论，平行交流的效率之所以如此之高，是因为平行交流是建立在平等基础上的交流。

为了检验一下平等交流在企业内部所取得的成果，实验者们在整个企业内部建立起了一种平等沟通的机制，结果发现，自从建立了这种机制之后，领导者与下层员工之间的协调沟通能力大大提高了，而且，他们无论在价值观还是道德观，抑或是其他方面都能很快地达成一致意见；彼此之间发生争执的情况大大减少。随之，他们得出结论："尊重员工、平等交流是企业减少争执、有效沟通的保证。"

但是，我们不得不说，在一些企业中，有些领导者自视身份地位高、资历深，所以常常摆出"高人一等"的姿态，连平时说话都要居高临下。

在某家公司里，人事总监权力很大，所有的人事调动或者人事任免等事情都要经过他，也就是因为此，培养了他极大的优越感。

在工作中，他时常对其他部门的工作指手画脚；大家一起出游时，多数人同意一项活动，而他就是喜欢唱反调，还非要大家都听他的；平时跟人说话，也习惯摆出一副居高临下的姿态……

某一天，由于这位人事总监的颐指气使太过分了，一名员工生气之下跑去领导那儿告状。领导了解情况时，受人事总监"压迫"多日的同事们纷纷历数他的"罪状"，竟没有一人为他说好话，结果自然是人事总监辞职离开。

也许你自认为地位很高、能力很强，但是，如果你总是摆出一副高高在上、盛气凌人的姿态，那么对他人而言就是一种心理压迫和伤害，极容易使对方产生对抗心理。所以，在平时的沟通中，无论领导者的级别有多高、能力有多强，只要你和大家在一起共事，就应坚持平等的原则。

沟通最基本的要求是要懂得尊重对方，和对方保持地位平等，切不可动不动就拿自己的那一套来指导别人，更不应该把自己看得高人一等，唯有如此，才能保证顺畅的沟通。

008

[急中生智，应急口才不可少]

一位女士参加同学聚会的时候穿了一件抹胸的粉色小礼服，同学们看见后都夸赞漂亮。

只有一位说话比较耿直的同学却说："穿这种礼服老多了。"

可是，话刚刚出口，她马上意识到自己说错话了，于是镇定地补上一句说："不信，你们去看看，今年这种款式特别流行，大街上穿这样的礼服的人老多了，特别漂亮，都快成一道靓丽的风景线了。"

果然，听了这句话后，女士刚刚有些生气的面容马上绽放出灿烂的笑容。

生活中，有时候每个人都会遇到一些突如其来，让自己难以回答，甚至让人感到尴尬的刁难问题，这时，每个人的反应能力以及心理素质往往会帮助你做出有力的回击。如何在面对对方的刁难问题时恰到好处地作出回答，是一种智慧。

俗话说，"一句话让人笑，一句话让人跳。"说话就是一门富有学问的艺术。尤其是当我们处于尴尬境地或者对方故意刁难的时候，不要对此置之不理，因为这样会让气氛愈加尴尬，也不要和对方斤斤计较，这样会给人留下没有风度的印象，更不要自乱方寸，这样会有损自己的形象，要聪明而灵活地迅速找出回击的语言，得体而又不失面子地回击对方，化尴尬为潇洒，化被动为主动，如此一来，不但没有激化矛盾，而且尴尬也会轻松化解，在人际交往中从容胜出。

在舞会上，一位身高有些矮的男士邀请一位身材高挑的女士跳舞。

那位女士上下打量了他一番，非常没有礼貌地说道："您的身高还没有我高呢，我从不与比我矮的男人跳舞。"

说出这样的话，显然让人有些难为情。

但是，男士听后却没有生气，更没有指责那位女士，而是微微地一笑，说道："我真是武大郎开店找错了帮手。"

那位女士听后脸红了，很不自在地起身走开了。

故事中的那位男士巧妙地运用了自嘲的方式，保全了自己的面子，摆脱了窘境，并且很有礼貌地把尴尬还给了那个出言不逊的女士，不失为一种化解尴尬氛围的好方法。

我们难免会遇到一些让自己下不了台的事，在企业中也是如此，因此，急中生智的应急口才也就成了领导者必须掌握的一门说话艺术。应急口才有多种方法，主要还是以幽默化解为主，幽默地自嘲就是其中一种。自嘲虽然是把自身的缺点暴露出来，但大家并不会因此而小看他，正是因为他敢于自嘲，反而可以巧妙地挽回面子。

总之，当棘手的话题落到你的身上时，一定要保持一个平稳的心态，不能怒目而视、破口大骂，这会有失你领导者的身份。不妨抱有娱乐的心态，幽默地自嘲，或者报以包容的回答，在宽松和谐的气氛中减轻对方的尴尬或敌意，显示出自己良好的修养。

第七章

辩论能力是口才与智慧的体现

古语有云:“一人之辩重于九鼎之宝，三寸之舌强于百万雄师。”现今也有人说:“说客一语定天下，辩才三言通九州。”可见，辩论的作用是多么巨大。对于领导者来说，他们欠缺的不是知识，也不是能力，而是辩论的方法。辩论能力是口才与智慧的体现。在辩论中，当领导者们面对强大的对手时，怎样巧妙辩解、战胜对方？当自己陷入困境时，怎样凭借自己的口才化险为夷？这一切都需要领导者掌握辩论制胜的策略。

001

[辩论是口才与智慧的体现]

战国时期，纵横家苏秦游说六国，促使各国结成抗秦联盟；而张仪又凭借卓越的口才游说六国，最终化解了各国联合抗秦的策略；三国时期的诸葛亮凭借自己口才的魅力，舌战群儒，促成吴蜀联盟……古往今来，多少人依靠着自己出色的辩论才能，掀起了一幕幕辩论风暴。

辩论体现着社会的民主和自由，反映着自我意识的提高和进步。在日常生活中、专题赛场上、商业谈判中，都能体现出一个人的辩论能力。在辩论时，常常有这样的情况：明明有理的一方，因为不擅表达，辩论不过无理的一方而白受冤枉气。所以说，虽然人人都会说话，但不见得人人都会辩论。辩论得好，可以化干戈为玉帛；辩论得不好，有可能化友为敌，损失惨重。

葛利玛企业享誉日本，它生产的麒麟牌啤酒曾被一家名为朝日啤酒公司生产的新型啤酒抢占了大片市场。葛利玛企业十分紧张，但在这种情况下，时任该企业的总裁本山英却发表了一句极为耐人寻味的话，他说："只是因为我们一直坚持正统啤酒的风味，结果却在无形之中没有赶上潮流。"

看！这位总裁先生多么聪明，他以"坚持正统的啤酒风味"作为切入点，说明了虽然自己的企业没有赶上潮流，但是味道始终纯正。在自己打败仗的情况下，依然能够以"坚持正统"作为辩解，他的话多么具有说服力啊。

人们常有"败军之将，不可以言勇"的说法。也就是说，既然已经失败了，何必再多说什么呢？默认就可以了。但是，在当今竞争日趋激烈的社会中，即便自己一时处于劣势，或一时失败，也不要一味地沉默。不言不语，反而会给自己带来越来越窘迫的局面。所以，即使是失败之人，也不要妥协，要选择一个有力的观点为自己辩驳。

对于领导者来说，需要具备这种智慧的辩论能力。在谈判桌上，能够不退不避地辩驳，为自己的一方争取最有利的条件；在企业陷入危机时，能够有理有据地辩驳，使企业化险为夷，由被动变为主动。卓越的辩论能力是领导者口才与智慧的体现，需要领导者在平时加以培养。

002

[围绕有利的突破口集中说理]

老张家的电冰箱用了好多年，因年久失修，制冷效果很差。

老张辛苦一辈子，为人简朴，不舍得把这台辛苦购置的冰箱扔掉，老张的妻子不止一次地好言相劝，可是老张就是舍不得，也就不得不作罢。

一个夏天的中午，妻子再次开动脑筋想要劝说老张：“老张啊，把冰箱里留给孙子的鸡啊鱼啊的都拿出来，我们午饭就吃那些吧。”

老张听了立马急了：“孙子还有些日子放假呢，给他留着，你怎么还要吃上了？”

老张的妻子见老张已经上钩了便说道：“还不是这台冰箱的制冷效果太差，放进去的东西没多久都快坏掉了，咱们还是买一台新的吧？”老张的妻子再次提议。

“看来还真是不能用了，不过买新的需要很大一笔钱呀，我可舍不得。”

“花钱是花钱，可也是方便了嘛。你看，给孙子留着什么不能留着？”

“你说怎么办就怎么办吧。”老张总算有些服软了，不再表示强烈的反对意见。

老张妻子运用了确定论述要点集中理论的辩论方法。她抓住了老张疼爱孙子心切的关键点，围绕这一点谈到更换冰箱的问题，使原本舍不得花钱的老张改变了观点。明确自己的目的，抓住其中一个至关重要的点加以论述，论据充分，自然就可以得到认可。

下面是报纸上记载的一则真实事件。

一天，在一位德国水手的随身物品中，我国海关人员发现了一瓶不同一般的粉末状药物，经鉴定后是毒品，公安人员马上对这位水手进行了审问。

“你知道这是毒品吗？”

“很对不起，那不是我的，而是一位华侨托我带的。”

“他是什么时候、在什么地方交给你的？”

“前天晚上，我在甲板上降国旗，此时有位旅客走上来交给我这个……”

“你升的是哪国国旗？”

“我升的是德国国旗。”

审讯人员点了一下头说：“你的故事太粗糙了，按常规，轮船早上降旗，晚上升旗，你说晚上降旗，很明显是谎话。”

德国毒贩目瞪口呆，只好承认了自己的罪行。

世界上的任何事物都不是孤立存在的，而是存在着千丝万缕的联系，著名的“蝴蝶效应”理论就是有力的证明。正是因为存在着这样的联系，面对一件事物，我们就要认真考虑与其相互关联的各个部分，找到最关键的一个或者几个部分作为突破口，确立论点、寻找论据，反驳其中的一个或者几个部分，再以其为中心扩散向整个全局，最终就能达到驳倒对方的目的。点与面是互相对立的，又是互相依存的。面不能离开点而存在，“点”也制约着“面”。某些有关键意义的“点”的变化往往也影响到“面”的变化。因此，确定关键的论点十分重要，既要顾全大局，考虑整个事件，又不能割裂事物，单纯地从一个方面出发，要把点和面有机地结合在一起利用，找到至关重要的点加以论证，波及整个面，就能真正地驳倒对方。

那么，如何选择最有利的突破口呢？必须从辩论的实际情况出发。在具体进行选择时，可以从以下两个方面入手：

第一，抓住对方的论点。对方的论点是对方辩论的灵魂所在，因此驳倒论点是我们的终极目的，也是最关键的目的。首先，要对对方的论点具有充分的理解。要深刻剖析对方论点的优越之处和劣势之处，这样才能做到知己知彼。其次，要善于细致地观察，从对方的论据、论证方法上下工夫，找到薄弱环节一网打尽。最后，需要有充足的知识储备、举一反三的能力，面对对手复杂的辩词时能够做到抽丝剥茧，找到纰漏，成功抓住对方的论点。

第二，要找到有力证据证明其论据的不成立。论据是对方为证明自己论点的正确所提出的根据。辩论中，如果能够证明对方的论据是虚伪的，其论点也就站立不住了，所以反驳的突破口可以选在对方的主要论据上。如果对方的论证方法有错误，对方的论点也难成立。一个真实的论点，除需要有充分而又真实的论据外，还必须有合乎逻辑关系的论证方式。如果对方在论证方法上存在着论据与论点脱节的错误，那么，对方的论点也就难以成立，所以反驳的突破口还可以选择在对方的论证方法上。

在辩论中，对方的论点、论据、论证方式都可以成为我们选择的最有利的突破口，同时还必须记住：

第一，选择最有利的突破口时，必须做到有理、有据、善于组织合理的进攻。在反驳中，根据需要与可能，采取一种或多种方式进行。驳倒对方的论据或论证方法，并不等于驳倒了对方的论点。事实上，在论据虚假或未经验证的情况下，论点却有可能是真的。因为，要注意反驳的严密性、科学性。只有站在进可攻、退可守的地位，才能更有效地辩驳对方。

第二，反驳是通过推理来实现的，所以，也必须遵守逻辑推理的规则。严格遵守逻辑推理原则，一是被反驳的论点、论据和论证方法必须确定是对方的思想；二是在反驳的过程中，反驳的对象必须确定，不得更换，否则，会抓不住关键而贻误战机。

对于领导者来说，辩论就是要找到突破口，而如何选择最有利的突破口是反驳成功的前提。学会了怎样选择最有利的突破口，反驳就事半功倍了。

003

[抓住对方逻辑上的漏洞]

古时有个县官，常常在他人面前吹嘘自己听遍了世上所有的故事。

有一天，他向全县发了一道告示：谁能讲一个他没有听过的故事，就把独生女儿嫁给他，并给予他赏赐。

告示一经贴出，每天都有很多人前来给他讲故事，但他总是说："唉，已经听过了。"

一天，一个乞丐来到县官面前说："我有一个故事，相信您一定没听过。"

县官看着这个穷乞丐，根本没把他放在眼里。只听乞丐讲道："从前，您的祖父欠了我祖父好多钱，而到了您父亲手上，这钱连本带利就欠得更多了。到了您手上，您欠我比您父亲欠得是更多的钱。"乞丐讲完，微笑着问道："大人，不知这个故事您听过没有呢？"

县官脸色大变，十分后悔。但他的许诺早已为众人知晓，为了维护自己的威信，他只好把独生女儿嫁给了乞丐，并赏赐给乞丐很多钱。

乞丐多么聪明，抓住了县官语言逻辑上的漏洞，不仅将县官说得哑口无言，而且还得到了好多钱，而且娶到了县官的千金。

没有人的话能总是毫无逻辑漏洞，如果你面对的是一些不友好的对象，或者是一些敌对的谈判对手，此时，你就要学会抓住对方的一句话、一个比喻、一个结论等方面的漏洞予以巧妙地反击，把他本不想说的、荒谬的话、不愿接受的结论用演绎的逻辑硬塞给他，使对方陷入进退两难的境地，让他反驳不得，从而明白自己的谬误，达到说理的目的。

古希腊哲学家亚里士多德就经常用这种方法来驳斥智者派代表人物克拉底鲁的某些诡辩。

克拉底鲁说:“我们对任何事物所作的肯定或否定都是不真实的。”

亚里士多德反驳说:“克拉底鲁的命题等于说‘一切命题都是假的’，这一说法在逻辑上是自相矛盾的，因为如果一切命题都是假的，那么，‘一切命题都是假的’这一命题本身也应当是假的；如果认为‘一切命题都是假的’这个命题并不包括克拉底鲁的命题在内，那就承认有了例外，这样，‘一切命题都是假的’这一命题也就不能成立了。”

亚里士多德抓住对方逻辑上的漏洞进行反驳的确十分有

力，他发现对方的诡辩中包含着自相矛盾的因素，于是用对方的一个观点去否定另一个观点，从而推翻了克拉底鲁的诡辩命题。

如果你想找出对方逻辑方面的漏洞，不妨先顺着对方的思路走，然后做出层层推断。你的逻辑思路清晰了，自然，对方的言语漏洞也就被你攻破了。

当然，并不是说在谈话中总是要发现对方的漏洞就予以还击，这样会显得自己很尖酸刻薄，如此，谁又愿意和你交往呢？作为领导者，更需要在这方面加以注意。为了维护自己的领导形象，当你发现了对方逻辑方面的漏洞时，可以隐含性地反驳对方。

我们说，一个人的思维与客观世界有着本质的联系，而且客观世界的一些思维模式已经自然而然地成了人们生活中的一部分，所以，人的思维是客观世界的反映。一个人无论是写文字性的东西，还是发表演说，抑或是与他人进行争辩，都难以脱离逻辑推理。因此，如果说话时能够打破惯常的逻辑，抓住对方逻辑上的漏洞，出其不意，攻其不备，也是反驳对方的良机。

004

[归谬反驳：让对手自讨苦吃]

一名药剂师来到家附近的书店，从书架上拿起一本书，冲着老板问道："这本书有意思吗？"

老板说："不晓得，没看过。"

药剂师很气愤地说道："你怎么能出售你自己都未看过的书呢？"

书店老板马上回敬道："难道你药房里的药你都尝了一遍了吗？"

药剂师无言以对，只好灰溜溜地走了。

书店老板的这一反问使药剂师无言以对。书店老板采用的正是归谬反驳。假如你说的是正确的，一个书店老板不能出售自己没读过的书，那么，同样的道理，一名药剂师也不能出售自己都没尝过的药，这岂不荒谬至极？

古希腊哲学家亚里士多德把逻辑作为辩论中使人折服的手段之一。在我们的日常生活中，真理与谬误的争辩时时有、处处有。善辩者一旦确定自己的思想是正确的，就必须要借助逻辑手段（当然也不排斥其他手段的运用）赢得辩论的胜利，进而宣传自己的思想，获得别人认同。

生活是多姿多彩的，有时甚至有些荒谬可笑，辩论中的论点、论据和论证方法往往也充斥各种荒唐。对于那些荒唐可笑的歪理邪说，我们必须运用各种办法反驳揭穿。正如寓言《不忠实的受托人》一文最后的警言所说的那样：“遇到谎言说得过于离题的时候，你如果想用论证来破其谬见，那么未免太郑重其事了。反驳荒唐的言论常用而最有效的技法是‘以其人之道还治其人之身’。”即运用归谬反驳，使对方处于自相矛盾的境地，以此收奇效。

林肯与民主党的卡特莱特在1847年的竞选中对垒，争夺国会众议院席位。卡特莱特是一名旧派巡回牧师，也是一个富有煽动力的演说家。他到处演讲，处处攻击对手，说林肯只相信上帝，却不承认耶稣，是一个不承认赎罪和报应的基督教教徒。

卡特莱特举行了一次宗教集会，林肯作为特邀嘉宾参加。在集会上，卡特莱特面对座下的听众说道：“那些不愿下地狱的人，请站起来！”结果除林肯之外，所有人都站了起来。卡特莱特又挑衅地说道：“我猜林肯先生一定会除外的，在座的所有人都表示不愿下地狱。请问林肯先生，您要到哪里去呢？”

林肯不慌不忙地从座上站起来，回答道：

“我认为我们应该以严肃的态度去对待我们的信仰问题，我并不认为要像其他人一样来回答你的问题。卡特莱特先生问我要去哪里？我可以直言不讳地告诉他，我要去国会。”

在这个故事中，林肯一针见血地指明对手抱着不严肃的态度对待严肃的宗教问题，后用“但”字说明卡特莱特先生不该像要求其他人一样来要求他回答问题；最后言简意赅地向对方表明了自己要到国会去，这恰恰是卡特莱特先生无法阻挡的。林肯既明理又驳缪，把卡特莱特的荒谬揭露在众人面前，使得卡特莱特哑口无言、张口结舌，无奈之下，只好灰溜溜地离开了现场。

有时候，论坛即是战场，剑拔弩张，牵一发而动全身。参与辩论的双方犹如两军对峙，展开唇枪舌剑，你来我往，在这个过程中把辩论者的勇气和智慧充分表现出来。可是，“智者千虑，必有一失”，在唇枪舌剑、瞬息万变的辩论中，辩论的一方或双方有时候会出现一些失误。因此，能否机敏地捕捉到战机，巧妙利用对方的失误，出其不意，攻其不备，是取得成功的关键。

在日常生活中，我们常会遇到类似的情况：明明知道对方所讲的话是不对的，却不知如何反驳，即使进行了反驳，也没有反驳到点子上，甚至还给对方留下反击的借口。可是，如果我们能够寻找到有利的反驳突破口，那就能一语中的，轻松地驳倒对方。所谓寻找反驳的突破口，就是在反驳过程中针对对方的论题、论据或论证方式上出现的错误，运用反驳的艺术达到取胜的目的。反驳突破口的选择越精准，就越能在辩论中迅速地取得突破，使对方无言以对，心悦诚服。

归谬反驳是辩论中重要的一部分，反驳的过程往往就是辩论的过程，在这个思想战场上充满了技巧性和艺术性。归谬反驳的步骤是：以退为进，导入荒谬，反戈一击，驳倒对方。换句话说，为了驳倒对方，先假设对方的论点是真实的结论到否定对方的论点，进而完成反驳。就论证方式而言，归谬反驳法运用的是推理形式，实际上就是演绎推理，所以必须具有无可置疑的逻辑力量。在历史上许多名人的论辩著作和谈话中，我们常常可以看到归谬法的身影，这种方法简直被他们发挥到了极致，许多生涩的理论，使用归谬法就能很简单地得到证明。

归谬法有两种形式：1. 假设对方的论点是正确的，从对方的论点中推导出荒谬的结论，再根据充分条件假设推理的否定式，进而否定对方的论题。2. 假设对方的论点是正确的，从对方的论点中推导出自相矛盾的结论，再根据充分条件假设推理的否定式，进而推翻对方的论题。我们都知道，自相矛盾的论点是假的，如果从对方的论点中推导出自相矛盾的结论，那么，无须再用任何论据来证明，轻而易举地就可以驳倒对方的论点，省去很多的麻烦。

归谬反驳在辩论中有着不可替代的作用，有时候可以收到“四两拨千斤”的效果。对于那些错误的言论、错误的推断，我们应该拿起这一有力武器予以批驳和揭露，以明辩是非曲直。

005

[抛出犀利问题，让对手应接不暇]

相传一位富商之女天资聪颖、学识渊博，外貌清秀可人，许多青年才俊对她情有独钟。

富商年事已高，也希望能为女儿找到一个好的归宿，了却自己最后的心愿，于是广发邀请，为女儿选择如意郎君。

富商对前来的众位青年提出了唯一的条件：谁能提出一个难倒他女儿的问题，女儿就嫁给谁。

众多的求婚者使出浑身解数提出五花八门的问题，可都没有难倒这位女子，众人不得不败兴而归。

这时一位相貌平平的青年走近前来提出了这样一个问题：“请问小姐，为了使您成为我的妻子，我应提什么问题才能难倒您呢？”

富商和女儿相视一笑，当众宣布嫁给这位青年。

巧妙的提问使回答者陷入预设的逻辑陷阱，使其不得不作出选择，而最终的选择结果都是从提问者的角度出发，有利于提问者的。这样的提问在我们的身边并不少见，商场的导购人员对于这种方式的运用可谓炉火纯青，他们大多会向顾客提出问题，引导对方谈及自身的需求，以此为出发点，销售自己的产品。这也就是提问的魔力之一。

在与人交谈之中，犀利的提问可以明确地表达出你对事物的观点，表明自己的立场，让对方清楚你的重点所在。同时，展现出自身的某种态度，在谈判当中为自己营造强大的气场。下面这则发生在冯玉祥将军身上的事件就是非常好的例子。

在冯玉祥将军任陕西督军时，一次得知两个洋人私自闯入终南山打猎，捕获了两头珍稀的野牛，冯将军立即把他们召到西安责问："你们到终南山打猎，曾和谁打过招呼？领到许可证没有？"

两位洋人不屑一顾，狡辩说："难道我们打无主之牛还需要向谁汇报？"

冯将军一听非常气愤，严厉地说："终南山是陕西的辖地，中国领土上的野牛怎么能说是无主的呢？"

这两个外国人振振有词："我们这次到陕西，贵国外交部发给的护照上不是写着准许携带猎枪吗？可见我们行猎已得到贵国政府的准许，怎么是私自行猎呢？"

冯将军马上反问："准许你们携带猎枪，就是准许你们任意行猎吗？若是准许你们携带手枪，难道你们就可以在中国境内随意杀人吗？"

其中的一位洋人还继续狡辩："我在中国15年，所到的地方从来没有不准打猎的，再说，中国的法律也没有不准外国人在境内打猎的条文。”

冯将军又据理驳斥：“中国的法律上没有不准许外国人打猎的条文，难道有准许外国人打猎的条文吗？你15年没有遇到官府的禁止，那是他们睡着了。现在我身为陕西的地方官，我却没有睡着，我负有国家和人民交托的保土卫权之责，我就非禁止不可！”

在这场针锋相对，事关祖国权益、民族尊严的辩论中，冯将军先发制人，一开始就通过质问亮出自己的观点：不经中国政府允许，私自行猎是错误的。外国人对冯将军的斥责进行了3次反驳，但每一次都遭到冯将军的迎头痛击。第一次他们提出：我们打的是无主野牛，用不着通知任何人。冯将军立刻抓住“无主”二字，立即指出：野牛是中国领土内的，不能说是无主。第二次他们提出：护照上写着准许携带猎枪，因此就是准许打猎。冯将军用类比的方法反问：“若是准许携带手枪，就可以在中国境内随意杀人吗？”第三次他们提出：中国法律没有不准外国人在境内打猎的条文，因此就得准许他们打猎。冯将军紧紧抓住他们推理上的错误，据理驳斥：“中国法律没有不准许外国人在境内打猎的条文，就有准许外国人在境内打猎的条文吗？”

冯将军用犀利的提问对对方的行径加以反击，反驳了对方的无理狡辩，伸张了正义，维护了国家利益和民族尊严。

辩论是智慧的博弈。“问”是辩论中不可或缺的成分，提问是辩论的重要过程，无论是有疑而问，还是无疑而问，或者明知故问，都是为了通过“问”达到辩论的目的。这个目的或“问”本身就是对对方的反驳，或是为进一步去驳倒对方扫除障碍。成功的辩论者需要在整个过程中保持清晰的思路，在与对手的交战中寻找对方的漏洞作为自己的突破口，及时抓住机会作出选择，提出犀利的问题，取得主动地位，进而取得预期的效果。最为关键的是提出的问题，需要结合不同情况做出不同判断，理清思路提出合适的问题。以下几种方法值得借鉴：

第一，“诱敌深入”。问题的提出可以通过旁敲侧击、曲线救国的方法。首先要明确自己的表达目的、重点所在，设置一条迂回线路把重点隐藏起来，通过诱导、提问等方法，使对方最终承认某种观点，达到你的目的。这种方法的运用需要有较强的逻辑思维能力，巧妙地设计好每一步，主导对方的思维，牵着对方的思路走，才能达到目的。

第二，左右为难。左右为难的提问方法在日常生活中更是经常出现，上文提到的富商嫁女的故事可以说是一个非常典型的例子，青年人找到了问题的关键所在，提出的问题不论这位小姐怎样回答，最终的结果都是青年人赢了。你需要善于分析、观察，找到对方在观点、立场上的缺口，再设置问题，这样就事半功倍了。

第三，逗引漏洞。也就是说，有时在开始反驳之前先发问，诱导对方表达出更多的自身立场和观点。俗话说得好，言多必失，我们可以从对方的众多观点与立场中仔细挖掘出存在的突破点，寻找到漏洞所在，成为自己发问的重点，以己之所长攻彼之短，在辩论中灵活运用各种技巧诱导对方观点的表达，借机寻找机会。

第四，揭示矛盾。揭示矛盾提问法的关键在于找到对方的矛盾之处。我们耳熟能详的寓言故事《自相矛盾》说的就是这个道理，在夸耀自己的矛无坚不摧的同时又夸耀自己的盾坚固无比，可是却没有意识到两者存在的矛盾，这就恰巧成为了被反驳的突破口，在此处大做文章便可奏效。找到矛盾之所在，设置问题，使对方的观点自相矛盾，这是辩论中经常运用的方法，根据对方的矛盾提出的问题也就更加犀利，更加有力地驳斥对方。前文提到的冯玉祥将军的故事也是同样的道理，自相矛盾的事情在我们的身边并不少见，只要悉心观察加以总结再运用到辩论中，就能真正地起到作用。

006

[以退为进，化解对手的凶猛攻势]

古时候，一位大官有一次吃烤肉，发现肉上面居然有头发，十分生气，找来烤肉的师傅准备严加责罚。

烤肉师傅知道烤肉上边有头发是对主上的大为不敬，这样很可能会被处死，于是烤肉师傅到来之后，连忙向大官认罪。

他说道："臣罪该万死，臣犯了三个错误：第一，我切肉的刀锋利无比，能够切断肉，却没有切断外边的头发；第二，我将肉穿起来反复地烤，反复地翻动，却都没有发现头发；第三，反复翻烤，最后肉被火烤熟了，可是肉上面的头发却没有被烤焦。我想，之所以如此，是不是有人忌妒我呢？"

大官听了这番话后幡然醒悟，于是派人调查此事，发现真的有人想陷害烤肉师傅。

上面那个故事，在关乎生死的形势下，烤肉师傅巧妙地采用了以退为进的方法救了自己的命。烤肉师傅见到大官首先承认了自己的3条罪状，表现出了认罪的态度，这就是退的表现，但也正是这3条罪状又再次证明了他是无罪的，这就是以退为进的策略。

中国有句古话："留得青山在，不怕没柴烧。"身处不利的境地，不要一味强辩，要避开风头，保全自己，就要"退"。退并不是消极地退却，而是有进有退，将退和进结合起来，退中有进。表面是退却，实则是在前进。在论辩和反论辩的过程中，一个智慧而有策略的人必须知道什么时候该进、什么时候该退，只有将这一点驾驭好了，才能保护自己，并取得辩论的最终胜利。

一天，一位顾客气愤地找到经理说："你们这是什么奶？

里面居然有苍蝇！”

美国对乳制品生产线的卫生管理十分严格，为了防止乳制品变质，每次都要将罐内所有的空气抽出，然后灌入一些无氧气体后再予以密封，在这种严格工序的生产下，根本难以有苍蝇会在里面。

因为此事影响到公司的信誉问题，所以，这位经理难以当即揭穿那个人的谎言，只是很有礼貌地请他到办公室里，而那位顾客一边走还一边出言不逊。

当这名顾客走进办公室后再次提出要求赔偿时，经理首先很有礼貌地为对方倒了杯水，然后说道：“先生，如果真的发生了这样的事情，这一定是我们的错误，不过请您放心，我们会给予您合理赔偿的。此事关系重大，我们一定会认真对待，请您稍等一下，我马上命令关闭所有的机器，彻查发生错误的根源。因为我们公司有着严格的规定，如果某个环节出现了失误，就要惩处该环节的负责人，我一定要查出究竟是哪一位负责人出现了错误，然后让他给您赔礼道歉。”

说完后，经理一脸严肃地对一位下属说：“马上通知员工们停止工作，虽然我们的生产流程中出现这种失误的现象很低，但既然这位先生现在指出来了，我们就必须给顾客一个满意的答复。”

其实，这个人只是想借此来敲诈一些钱，他万万没有预料到自己的话会引起如此严重的后果，此时，他十分担心自己的谎言被揭穿，如此自己就要赔偿整个工厂因停工而造成的损失，这样，他哪里有钱赔偿呢？

于是，他由刚刚的坦然变得有些担心害怕，便说道：“原来这么麻烦，既然如此，就算了吧，我们以后不要再发生这样的事情就好了。”他给自己找了一个搪塞的理由想溜之大吉。

但那名经理却叫住他，说道：“非常感谢您这次提出的问题，以后您购买我们的食品，我们都会给您九折优惠。”

出乎他的意料，没想到居然获得了意外收获，从此他逢人便宣传这家公司的产品优质，成了该公司的宣传员。

故事中，那位高明的经理虽然对那位顾客的心理了如指掌，但他没有直接揭穿对方的谎言，而是用“以退为进”的方式巧妙地揭穿对方，不仅没有扩大事态，反而还进一步“俘虏”了那位顾客，使他成为公司最有效的广告宣传员。

在与他人辩论的过程中，尤其是作为领导者，你更要在他人面前彰显自己的领导风度与品质，以退为进辩驳对方，这既是一种自我表现的艺术，也是一种智能，只有懂得适时地退步，才能获得更大的收获。一个雄辩的领导者必须知道审时度势，把握进退的时机，才能立于不败之地。

当然，作为领导者，在辩论的时候，要想成功地采用“以退为进”的策略，也要把握好分寸。“不打无准备之仗”，没有把握而采用此计，难免会把事情搞砸。如果故事中的那位经理不了解乳制品严格的生产程序，不能肯定本公司一定不会出现乳制品有苍蝇的现象，如果不了解那位顾客只是想骗取一些钱财，那么那位经理就无从着手了，甚至还会“赔了钱，又被人骂得狗血淋头”，追悔莫及。所以，遇到事情，作为领导者先不要急躁，摸清对方的心理，使得对方愿意接受令你满意的结果，“以退为进”才能达到目的。

面对强硬不讲理、故意找碴儿之人，不要与其硬碰硬，巧妙地利用“以退为进”的沟通方式寻找机会，降低对方的嚣张气焰，这样的退一步就等于前进了一大步，这也是领导者口才的体现。

007

[胜出不损人颜面，驳斥不伤人自尊]

从前有一位官人喜欢下棋，常常自吹是当今第一下棋高手。

一位门客听说了他的自我吹捧之词，有一天找这位官人下棋，一入手便咄咄逼人。

比赛到一半的时候，那位官人竟然被逼得满头大汗。

那位门客见官人焦急的样子，有些窃喜，故意留了一个破绽。

官人满以为可以转败为胜，谁知对手却突出妙手，棋局立刻扭转。

那位门客很得意地道：“你还是当今第一下棋高手吗？”

这位官人受到此打击，心中十分不悦，立刻起身走人，因此对那位门客有了成见。而那位门客始终不明白为什么官人不再与他下棋。那位官人为了这件事，始终不肯提拔那位门客。他只好郁郁不得志，终生做门客。

故事中，门客过于张扬自己的好胜心，忽略了官人的自尊心，铸成了终生的大错。可见，胜者的确可喜，但不能胜而无状。拉踩对手，伤害对方的自尊心，胜了也不光彩。

著名心理学家马斯洛的“需求层次理论”曾指出，人的最高层次的需求就是获得尊重和自我实现。辩论的最好结局就是不挫伤对方，使双方都感到自己就是“获胜者”。因为这种心理反应不仅可以促使辩论顺利进行下去，而且还为今后的交往创造了良好的条件。尤其是在辩论中，对手处于弱势的时候，或自己的辩论目的得到充分实现时，切忌得意扬扬，即便你胜利了，对手失败了，也要让对方感受到心理上的平衡。

作为领导者，你需要与不同的人、不同的事打交道，应该学会体谅对方，而不是将对方打倒在地，让对方颜面尽失，这样做不仅给自己树敌，同时也不利于开展工作。

在一次辩论的时候，大家在探讨问题，一位律师事务所的最高领导者说：“我们每年举行一次辩论会。”

刚说到这里，律师事务所的另一位年轻的领导者却说：“不，我们是每半年举行一次。”

领导者没有说什么，继续说道：“海事法的追诉期限是6年，对吗？”

这位律师事务所的年轻领导者愣了一下，然后率直地说：“不，海事法没有追诉期限。”

辩论的场面立刻静默下来，似乎连气温也降到了冰点。

虽然这位年轻领导者的话是正确的，但他犯了一个错误——没有顾及对方的颜面，当众指出了上司领导的错误。

作为领导者，无论是面对你的上级，还是面对你的下属，都可以指出对方的错误，但没必要让对方颜面扫地。就像下围棋一样，“赢一目是赢，赢百目也是赢”。只要最后你是获胜者就好了，为什么还要让对方输得体无完肤呢？所以说，在辩论中，以严密的论据驳倒对方是正确的，但没必要将对方批驳得一败涂地。这样做不但对自己毫无好处，甚至使自己成为被打击的对象。

身为领导者，遇到与自己相悖的意见是一种常见现象，你的上司说话偶尔出现错误也是在所难免的，但是，你的一句不得当的反驳都可能外化成你与他人之间的争执与辩论。辩论，是为了说出事实真相，是一种相互劝说的过程。然而作为领导者，如果你因为自己的身份而总是桀骜不驯地推翻对方的说法，试图证明自己是正确的，如此，你说话也就带有一定的“敌意”成分了。于是，多数的辩论往往都是不愉快的，最容易损害领导者的良好形象。但是，如果你能在辩论之前多一些感性，照顾到对方的情面，做好“面子”工作，就能做到既心情舒畅，又不伤和气，这样的结局也是每一位领导者希望看到的。

第八章

在关键时刻 起关键作用的谈判

谈判和下象棋有着异曲同工之妙，它们都有一套完整的规则，只是下象棋的时候，往往你走的每一步都摆在了对手的面前，对手会根据你走的棋来定夺自己下一步的走法，而谈判却需要比下棋更加深奥的心理战术，因为你的每一步，对方都无法预知。所以，对于领导者来说，必须与对方打好心理战，如此，才能在舌尖的博弈中占据主动权。

001

[谈判之前不妨说点儿闲话]

抱着一大堆资料的王斌正急急忙忙赶往会议室，由于心急，在转弯处与他人碰到了一起，手里的资料散落了一地。双方道歉之后，共同把地上的资料进行整理，在这个过程中也闲聊了起来，他们聊到了网球，还聊到了爬山，发现彼此竟然有着相同的兴趣爱好。等到两人同时走进会议室的时候，才得知彼此竟是今天的谈判代表。

等到谈判开始时，整个过程没有以往谈判时的唇枪舌剑，更没有针锋相对。尽管也会有意见相左的时候，但彼此很快就能做出调整，使谈判顺利地进行下去。最终，达到了使双方都满意的效果。

有些人可能因为性子急而希望谈判能马上开始，然而实际上，谈判前与对方闲聊一会儿，更有利于商谈的顺利完成。

在一次研究中，哈佛大学商学院教授凯瑟琳·麦克金发现，那些通过电子邮件进行的商务谈判有 50% 以失败告终。在她看来，最根本的原因在于运用电子邮件进行谈判时只有死板的文字，所透露的信息也极其有限，无法像交谈那样可以通过彼此的身体语言来判断对方的想法，也无法通过闲聊为谈判做一下感情积淀。

马萨诸塞州工科大学也曾做过相关实验，实验者组织了168个人参加这次实验，并把他们分成两组。其中一组为贷款官员，另一组为希望接受融资的人，然后让他们对融资额、偿还率等10个项目进行谈判。但是要求一组在谈判之前进行一些闲聊，不能一开始就进入主题。而对另一组的要求则是一定下谈判任务，就必须马上进入主题开始谈判。

实验的结果是，谈判前进行过闲聊的一组，其成交率为39.3%。而且在谈判过程中，其中有四成的问题因为双方沟通得良好而得以顺利地解决。而在谈判前没有进行任何交流，直接进入主题的一组，其成交率仅为5.9%，而且在谈判过程中没有解决任何问题。由此可见，谈判前的闲聊是谈判取得成功的一个重要因素。

因此，领导者完全不必一见面就进入谈判主题，可以相互打声招呼后，找一个轻松的话题进行交谈；或者故意在乘坐电梯或者去往办公室的路上与对方来个偶遇，乘机与对方进行闲聊；或者在谈判前叮嘱秘书让他把茶水送得稍晚一点，而你则可以借此时机与对方进行一段闲聊……相信，花一点时间进行闲聊可以为你带来丰厚的回报。

谈判前的闲聊可使谈判气氛变得轻松、活泼，为谈判取得成功奠定一个良好的基础。不过，闲聊的内容一定要对谈判有积极的效果，如果对话使人感到废话连篇、索然无味，莫不如沉默。具体来说，闲聊的话题应本着以下几个原则：

第一，所聊话题须与正题相关。最好是能够顺利地转入正题，不会显露任何痕迹。

第二，所聊话题应是对方感兴趣的事或物。

第三，闲聊中多运用幽默。闲聊的目的在于消除陌生心理和隔阂、缓解谈判的紧张气氛。而恰当地运用幽默语言，可以更有效地发挥闲聊的作用。

总之，在商业谈判中，我们完全没必要一见面就“拔刀相向”，毕竟谁也没有规定谈判前不准交谈与商谈无关的事情，更没有规定一见面就必须立马进入主题。因此，在进入主题之前，完全可以通过聊一些最近的热点新闻、各自的大学背景、兴趣爱好，甚至是天气，增加彼此之间的好感，为后面的商谈打下感情基础。

002

[有效提问，让谈判变得更有效果]

某商场休息室里经营咖啡和牛奶，起初，服务员总是问顾客：“先生，要喝咖啡吗？”或者是：“先生，要喝牛奶吗？”尽管服务员都很敬业，可是其销售额平平。

后来，老板要求服务员换一种问法:“先生，请问你是喝咖啡还是牛奶?”结果其销售额大增。

同样的问题，但通过不同的方式问出来，却得到了不一样的效果。在谈判中，提问也是影响谈判结果的一个重要因素。首先，通过提问可以获得对方的实力、要求，掌握各种有关的信息和背景资料。其次，提问可以增进沟通、活跃气氛。因为提问包含着征求对方意见的意思，可以表达对对方的尊重，能博得对方的好感。再次，边听边问还可以引起对方的注意，能够引导谈话的方向，控制谈判的进程，使谈判向着于自己有利的一面发展。若是谈判气氛渐趋紧张、大脑有运转不过来的感觉时，还可以通过提问来放慢谈判速度，以使自己重新调整思路，为发动新一轮的攻势做准备。最后，通过提问，还可以把自己的想法和感受传达给对方，使谈判向更好的方向发展。

一天，一位教徒问神甫说:“请问我可以在祈祷时抽烟吗?”神甫听到他的这一请求，便严厉地斥责了他。随后，另一位教徒又去问神甫说:“请问我可以在吸烟时祈祷吗?”神甫听到了他的这一请求后允许了他，于是他便在祈祷时悠闲地抽起了烟。

尽管这两个教徒的发问目的是完全相同的，可是前者并没有达到想要的目的，后者却轻松地达到了自己的目的。其关键在于双方在提问时所运用的语言表达方式不同。因此，在谈判过程中，仅知道提问是不够的，还应懂得提问的技巧和方法，如此才能赢得期望的谈判效果。那么，如何提问才能获得谈判的成功呢，领导者应掌握以下几种提问方法。

第一，封闭式发问。封闭式发问是在特定的领域中获得特定答复的发问。例如："你觉得这个企划还有没有可以改进的地方呢？"（答复应为"是"或"否"。）封闭式发问可以使发问者获得特定的资料，而回答这种提问的人也不需要思索太多的时间就可给予答复。

第二，开放式发问。开放式发问是一种可以在广泛的领域内获得广泛答复的提问方式。一般情况下，无法用"是"或"否"等简单的措辞作为答复，例如："你对今天会议上所讨论的问题是怎么看待的？""假如就此问题，你方无法给予妥善的处理，我方将拒绝与你方合作，对此，你们有什么意见？"等等。因为开放式提问不限定答复的范围，可以使对话者尽情地畅所欲言，同时作为发问者，也可以从中获悉对话者的立场与感受。

第三，澄清式发问。澄清式发问是针对对方的答复重新提出问题并让对方做出证实，或者是补充原先答复的一种提问方式。如："你说对现在正进行的这一宗买卖你可以作取舍，这是不是意味着你拥有全权跟我方进行谈判？"这种提问方式不但能确保谈判双方在"同一层级"基础上进行沟通，同时也是针对对方的话语从事回馈的一种理解方式。

第四，探索式发问。探索式发问是针对对方的答复，要求引申或举例说明的一种问句。如：“你说你们对一手代理商与消费者所给予的折扣都是定价的30%，那你能否说明一下为什么不对业绩较大的代理商给予更大的折扣作为鼓励？”探索式问句不但可以用以发掘较充分的信息，还可以用来显示发问者对对方答复的重视。

第五，含有第三者意见的提问。这种提问方式是通过借助第三者的意见以影响对方意见的一种问句，如：“工程部门的专家颇支持使用部门更新设备的要求，那么你们采购部门对更新设备的要求有什么看法呢？”含有第三者意见的问句中的第三者，如果是对方所熟悉而且也是他所尊重的人，该问句对对方会产生较大的影响，否则很可能会适得其反。

第六，引导性问句。引导性问句是对答案具有暗示性的问句。如：“这次工作失职，你是不是应承担责任？”此类问题几乎使对方毫无选择地按发问者设计的答案回答。

提问是谈判过程中经常要用到的语言表达方法，恰到好处的提问可引导谈判者寻找更多的机会，克服一切困难，使谈判走向成功。而愚蠢的提问则会误导对手，不利于谈判的正常进行。除了了解和掌握谈判提问的一些基本方法，领导者还需注意以下几点，如此才能获得良好的提问效果。

第一，做好准备。谈判前应预先准备好问题，最好是一些对方不能够快速想出答案的问题，以期收到意想不到的效果。同时，预先准备好问题也可预防对方反问。

第二，先听后问。在对方发言时，如果心中出现疑问，一定要认真倾听对方的谈话而不要急于提出问题，这不但影响倾听对方的下文，还会暴露自己的意图。或者可以把对方的问题记录下来，等对方讲完后，再找个合适的时机提出问题。

第三，避免刁难性问题。尽可能不要提那些可能会阻碍对方让步的刁难性问题，这类问题往往会给谈判带来不少麻烦，更重要的是影响谈判效果。

第四，等待时机，继续追问。当你提出问题后，对方给予的答案不够完善，或者是对方避而不答，就不该强迫追问，而要耐心地等待下次时机的到来时再继续追问，这样做既表达了对对方的尊重，还可以得到自己想要的答案。

第五，提出已有答案的问题。在适当的时候，可以提出已经发生并且答案众所周知的问题，以此来验证对方的诚实，以及对事物的处理态度。同时，也可以给对方以暗示，即我们对整个交易的行情是了解的，有关对方的信息我们也是掌握得很充分的。这有助于我们展开下一步谈判。

第六，适可而止。谈判需要双方心平气和地提出和回答问题，如果以法官的态度来询问对方，或者是重复连续地发问，很容易导致对方的厌倦、乏味而不愿回答，即使回答也是马马虎虎，甚至会出现答非所问。

第七，耐心等待回答。提出问题后应闭口不言，耐心等待对方作出回答。这无形中给对方一种必须作出回答的压力，使谈判朝你所期望的方向发展。

第八，态度要诚恳。如果你提出的问题是对方所不感兴趣的，或是对方出于某种顾虑而不愿回答时，你可以换一个角度，用诚恳的态度来问对方，以此来激发对方回答。这样做会使对方乐于回答，也有利于谈判者彼此感情上的沟通，有利于谈判的顺利进行。

第九，问题简短。在谈判过程中，提出的问题越短越好，而由问句引出的回答则是越长越好。因此，你应尽可能地用简短的句式来提问。

003

[不好回答的问题，如何回答]

某公司刚成立时，招聘了几个大学毕业生。

可是等到年底的时候，他们却将一纸请愿书送到了领导面前，他们说："我们一直按你的要求工作，可是对于未来，我们没有一点儿信心，因此，我们希望能与你签订一份协议，规定每年涨多少工资。如果你不愿意签字，那我们就只好集体辞职了。"

对于这明显带有威胁性质的要求，领导回答说："这个要求我办不到，因为公司才开始营业，连我自己也无法预料它今后会怎么样，所以无法按你们的要求保证将来的工资。当初录用你们，就是为了让大家一起来把公司做大做强，为了创造更加美好的明天，我们只有一起努力。”

对此，这几个大学毕业生不置可否，只是强调说：“谁知道今后公司会怎么样呢？你不保证给我们涨工资，我们能放心吗？”

领导觉得自己不能在此问题上做出让步，于是回答说：“我虽然不同你们签订协议，但是我一定会为你们着想的。你们有辞职的勇气，就不能有相信我的勇气吗？和我再工作一段时间，你们就会确认我不是骗子。那时候，如果你们觉得我骗了你们，那么我任凭你们处置。”

在谈判过程中，对于对方的提问不可能都给予正面直接的答复，对于那些无法直接、正面回答的问题，可以采取一定的策略给予暂缓。故事中的领导就是运用晓之以理、亮出真心的策略动摇了几个大学毕业生的想法，取得了谈判的成功。

在谈判过程中，领导者不仅要会问，还要会答。问得不当，不利于谈判，但答得不好，同样也会使自己陷入被动的境地。作为领导者，要想谈判取得成功，对所回答的每一个问题，都必须做到字斟句酌，即使是那些可以立即回答的问题，也不能脱口而出，因为谈判桌上提问的动机非常复杂，如果领导者没弄清对方的问话动机，按常规回答，就有可能跳入对方预先设好的圈套，结果反受其害。因此，谈判中回答的要诀应该是：基于谈判效果的需要，准确把握住什么应该说、什么不该说，以及应该怎样说。

20世纪80年代，美国金融大亨艾卡恩兼并了经营不景气的环球航空公司。为了扭转公司亏损的局面，他决定减少飞行员20%的工资。自然，他的这一举动遭到了飞行员工会的抵制，致使艾氏与工会进行了一场马拉松式的谈判。

在谈判陷于僵局时，艾氏对飞行员们解释道："兼并环球航空公司，本身就需要花费许多钱。我只能在得到了你们在工资问题上的让步时，才能这样做。"

一位飞行员问道："你为什么要专门跟我们飞行员作对呢？"

艾氏沉着地说："不，我一向很钦佩飞行员，而不是在作对。每当我乘坐班机旅行时，或者飞机震颤时，我都会想起驾驶舱里的那些伙计们。多么重大的责任，多么专门的职业啊。你们干的是一件非常了不起的工作，这是我一辈子也不会够格的。"

赞美了飞行员一番后，他接着说："但是，这里只有一个问题，那就是你们的薪水确实太高了。如果你们坚持自己的想法，就可能导致与钢铁工业那样的可悲下场。"

艾氏一番晓以利害的话语，使飞行员们明白了艾氏的态度，并作了让步。

谈判中回答问题，并非是一件易事，因为领导者不能单纯地根据对方的提问来回答，还要尽可能地平衡自身与他人的权益；如果领导者无法对对方所提出的问题给予正面的答复，还必须说服对方按照你的要求去做，那更是难上加难。因此，一个谈判者水平的高低在很大程度上取决于他回答问题的水平。当然，“问”有问的艺术，“答”也有答的技巧。作为领导者，谈判中可采用以下一些回答技巧，帮助谈判取得成功。

第一，不要彻底回答所提的问题。领导者在回答问题时可将问话者所提的问题范围缩小，或者在回答之前加以修饰和说明。如，就某商品的价格向对方发问时，如果很彻底地回答对方，那么在进一步的谈判过程中，就很容易使回答的一方陷入被动的境地。

第二，不要确切地回答对方的提问。回答问题时，要学会给自己留有一定的退路。如果过早地暴露自己的实力，谈判中就会陷入被动。因此，可以先说明一种类似的情况，再拉回正题，或者利用反问把重点转移。

第三，降低与减少问话者追问的兴致和机会。若问话者发现了答话者的漏洞，很可能会刨根问底地追问下去。因此，领导者在回答问题时要特别注意不让对方抓住某一点继续发问。

第四，让自己获得充分的时间思考。回答问题前必须小心谨慎，对问题要进行认真反复地思考，要做到这一点，就需要充分的思考时间。若是对方催问，你也要沉着，不必顾忌谈判对手的催问，转告对方你必须进行认真的思考而且需要时间。

第五，有些问题不值得回答。谈判是语言的交流和碰撞，有问有答，谈判才能顺利进行下去，但这并不意味着对方所提的每一个问题你都必须给予回答，其实对于那些不值得回答的问题，你完全可以礼貌地加以拒绝。

第六，不轻易作答。有些谈判者会故意提出一些模棱两可或旁敲侧击的问题，意在用此来摸对方的底。对于这一类问题，领导者须清楚地了解对方的用意是什么，否则轻易地给予回答，很容易陷自己于被动。

第七，找借口拖延答复。有时可以用一些借口来拖延答复，但这并不是说领导者可以拒绝回答对方提出的问题。因此，对于那些难以下定论的问题，你可以找一些借口拖延时间，以给自己更多的时间思考清楚，从而作出于自己最有利的答复。

第八，将错就错巧答复。谈判中，若双方在表述与理解上不一致时，可以采取将错就错的策略，把“好处”捞过来。

004

[善用沉默，促进成交]

某公司领导张先生与一位新客户就一产品进行合作谈判。见面相互寒暄了一番后，感觉到对方是一个重价而不重质的人，张先生觉得做再多的解释都是一种浪费，便做了简单的产品介绍并给出了一个价格，之后开始保持沉默。

对方把产品说明反复翻看了几遍，并把样品看过之后，对产品的性能、质量、保修、售后等都很满意，可是在说到价格的时候却产生了异议。

对此，张先生并没有急于去争辩，而是保持沉默，于是对方说另外几家公司也与他们就此产品谈合作事宜，他们的质量也很不错，但并没有说价格比张先生的低，张先生仍旧保持沉默，对方却找出各种理由，如起量高、以后可长期合作等，希望以此把价格降低一点。但是张先生对自己公司的产品非常有信心，而他们的产品在同行内确有优势，于是对于对方的降价要求，张先生仅是摇头拒绝，双方谈了大概半个小时，张先生总共说了5句话，其余都是摇头或者认可对方的观点。

最后，对方说出了一个价位，虽然以这个价位合作有可赚的利润，但张先生觉得这次的合作还有提价的空间，于是假装有委屈的样子，说要与公司其他同仁商量一下，尽可能地帮他争取优惠的价位。

可是送走对方后，张先生并没有急于商谈产品的价格，而是去忙其他的事情了，等到第三天的时候，对方找到张先生询问有关优惠的情况，对此，张先生只说自己尽力了，可是出价实在太低，对于其他的询问仍旧保持沉默。等到第七天的时候，张先生接到了对方的电话，说是同意按张先生所说的价格发货，并且把合同传真了过来。

“语言是银子，沉默是金子。”无声的沉默有时更胜过动听的语言。沉默可以是无声的抗议，可以是意见的保留，可以是心意已定，不会更改的标志。在谈判过程中，适时地沉默往往能收到意想不到的效果。

或许在很多人看来，谈判就是口才的较量，是实力的拼杀，因此，有些领导者在谈判中总是滔滔不绝地发表自己的言论，觉得在谈判中只有辩赢了对方才算赢，于是连让对方插话的机会都不给，却不想，口不择言更易使得客户厌烦和反感，最后使谈判以失败告终。其实，沉默也是一种谈判的有力武器。正如《孙子兵法》中的隔岸观火一样，不必急于去进攻，而是顺变，等到时机一到，只管坐收其利便好。

因此，在谈判中，如果不确定要不要说话，那就请你保持沉默。

日本一家公司与美国一家公司针对许可证贸易进行了一场谈判。谈判刚开始，美方代表便滔滔不绝地向日方介绍情况，而日方代表则是一言不发，认真地倾听，并且埋头做记录。等到美方代表讲完后，开始征求日方代表的意见，而日方代表却不解地说:“对不起，有些地方我们还没有完全听明白。”美方代表问:“哪里不明白?”日方代表说，“全不明白，请允许我们回去研究一下。”于是，第一轮谈判休会了。

几星期后，日本公司换了另一个代表团，第二轮谈判一开始，日方代表便申明自己不了解情况，使得美方代表不得不再次说明一次。可是，等到美方代表解说完，询问日方代表的意见时，日方代表仍然以“我们不明白，请允许我们回去研究一下”为由，使第二轮谈判不得不宣布休会。第三次谈判开始时，日方代表团又换了成员，故技重演，只是在最后告诉美方，回去后一旦有了结果，就立即通知美方。

大概半年的时间过去了，美国代表团在得不到日方任何回音而烦躁不安、破口大骂日方没有诚意时，日本一个由董事长亲自率领的代表团飞抵美国，在美国人毫无心理准备的情况下要求立即谈判，并抛出最后方案，以迅雷不及掩耳之势催逼美国人讨论全部细节。措手不及的美国人终于不得不同日本人达成了一项明显有利于日方的协议。

上述案例就很好地说明了沉默在谈判中的重要性。

在谈判中，采用多听少说的策略，往往有助于洞悉对手的实力，有针对性地制定能扬己之长、避己之短的决策。作为领导者，在谈判中做出稳固论点之后，应该巧妙地运用沉默。要知道，在对方做出提议时保持沉默，就会给对方以失望和不赞同的暗示。为了使谈判成功，你的对手很可能会再解释下去，并且提出让步。因此，不管对方提出的条件多么诱人，但有时候为了得到更大的利益，也请你牢记沉默就是最有力的谈判工具。当然了，如果你是一个爱讲话的领导者，保持沉默对你而言是一件非常困难的事情，但是为了达到你所期望的谈判效果，你可以通过以下方式紧闭金口。

第一，做个深深的呼吸使自己平静，但不要在说话时做。

第二，轻咬牙齿。这会具体有力地提醒你保持沉默。

第三，如果你手上有饮料，缓慢而长长地喝上一口，这会防止你在未达到目的前说出不利于达成谈判的话。

005

[如何打破谈判中的僵局]

由于搭乘客机的晚点，再加上遇到暴风雨，比尔先生到达所预订的酒店时已晚点，并且有些精疲力竭了。可是当他到达酒店时，前台小姐却告诉他："是的，你已经预订了房间，但是我们现在没有房间了，这种事情偶尔会发生的。"

听到前台小姐的话，比尔告诉自己说：前台职员只是一台单纯反应、毫无思考能力的机器，他的行为就像是一个做好了程序的机器人或电脑，于是他开始想一些解决之法，他想到：旅馆里可能可以给你一套房间，或者可以在会议室里摆张床，或者让你使用套房的起居室。

于是，他对前台小姐说道："这样吧……有没有套房呢？若是套房也没有了，是否可以住到其他的房间？我知道你们有会议室，你们在宣传手册上做过广告，是否可以在会议室内摆张床呢？"对此，前台小姐回答说："不行的，我们不能这样做。我看，你还是去别家的酒店看看有没有空房间。"比尔先生回答，“现在外面下着暴雨，而且我刚下飞机，很累，所以我不想再到别家旅馆去。麻烦你了，让我跟你们总经理谈谈，看看有没有什么可解决的办法？”（比尔先生知道这么晚总经理是不会在的，他只是想让这个职员明白他的决心。）

无奈，职员拿起电话，拨通了一个号码。没一会儿，夜班经理出现了，比尔重复了他对套房、会议室或其他可行办法的看法。可是夜班经理查看了房间表后，为难地说：“我们还有一间套房，但是价钱是单人房的两倍。”听到夜班经理的话，比尔冷静、坚定地说：“不应该有一分钱的增加，因为我是预订好房间的。”夜班经理没有任何商量余地地说：“价钱就是这样了，你是要还是不要呢？”比尔想了一下，说，“我要了。”

第二天早上，当比尔的账单送了上来，价钱自然比原先的钱多了一倍。但比尔不想付这一倍的价钱，于是他要求见总经理。见到总经理后，比尔把事情的缘由说了一遍，并表达了他不想付多一倍价钱的想法。结果是，听了比尔的话，总经理向他道了歉，并且让他付了单人房的价钱。

谈判出现僵局是常有的事，这个故事告诉我们，当谈判双方出现僵局时，并且没什么好的解决办法时，就应该去找更高一层的人谈。

其实，谈判之所以出现僵局完全是谈判双方都不肯做出让步而无法达成一致的协议。而请对方的高层决策人员会晤，则有助于扭转局面，使谈判取得成功。

或许在许多谈判者看来，请上级领导介入，完全是对自己能力的一种否认，更是一种失职的表现。其实，这是一种谈判策略，相信你的上级也乐意在最后时刻加入谈判。当高层领导出席时，他可以在你不能许诺的事情上拍板决定，而且态度也很强硬。这容易迫使对方做出让步，因为他们知道，如果拒不让步，那这次的谈判即将以失败告终。

另一方面，正所谓当局者迷，旁观者清。当谈判进行到一半时，谈判双方的思想很容易陷入具体问题之中，很难做到客观、长远地看待问题。如果没有第三方的调解，僵局便很难打开。

一家以生产农机机具为主的公司，其产品的销售却被另一家公司严格控制着。由于这家公司具有较大的销售额，而农机公司则是为了满足销售公司的需求而运行，也就是说，销售公司需要什么，他们就生产什么，并且由销售公司决定生产的数量。但也正因如此，销售公司不断地压低产品价格，同时还要求农机公司提供更多的额外服务。可是，由于原材料涨价等原因，农机公司的利润几乎为零。为此，农机公司提出了与销售公司进行谈判。

对于农机公司提出的价格方面不能再低的条件，销售公司的谈判代表表示说："你们这些产品的全部业务都是从我们这儿得到的，我们理应受到特殊待遇。如果没有我们销售公司的努力，你们公司就不可能有今天。所以你们有责任供应我们所需要的产品，你们应该尽可能地提高自己的工作效率，抓好管理成本的控制，你们应该向效率、向管理要利润，而不是向我们。”

面对销售公司如此强硬的态度，农机公司很是气愤。农机公司的产品固然需要销售公司去开拓市场，但若没有他们给销售公司提供优质、低价的产品，销售公司的业绩也不会如此好。一气之下，农机公司代表团对销售公司说：“在和你们公司的合作过程中，我们公司已经处于无利可图的境地了，我们公司实在没有必要耗费大量的人力和物力为你们公司创造大量利润，所以我们决定，公司马上停止向你们公司供货。”

销售公司以有其他生产商为由而不做出让步，农机公司以不做亏本生意为由而拒绝让步。于是，没过多长时间，农机公司因为没有销售渠道而将货物全部积压在仓库里，而销售公司则因为找不到合适的生产商而大大缩小了市场份额。

可见，谈判出现僵局于哪一方都是不利的。因此，作为领导者，应该要想方设法地化解僵局，使谈判顺利进行下去。那么如何打破僵局呢？以下建议可以参考：

第一，调整情绪法。很多谈判者因为一味地坚持自己的意见，执意不做出任何让步，因而变得非常激动。而人在激动的时候，往往是不会被理智所控制的。或许在谈判开始之前，谈判者就可能出现的僵局想到了解决之法，可真正等到僵局出现时，却往往忘记了之前的想法。另外有一些谈判者则在谈判前已经做了最坏的心理准备，因此一旦出现僵局，就使得他们抛弃了原来的礼貌和谦逊，口气开始变得咄咄逼人，甚至开始指责对方。其实，谈判双方都应该尽最大的努力促成谈判的成功。如果出现情绪激动的情况，应试着慢慢地平息自己激动的情绪，对谈判的成功恢复信心，然后采取积极的对策。

第二，转换话题法。当对方不论你怎么解释，都无法同意你的要求的时候，不妨转换一个话题。转换话题并非是跳过此题不谈，而是将其暂且搁置，另外寻找有利时机进行讨论。转换话题可以缓解紧张的气氛，使谈判双方能够心平气和地展开讨论，这样有利于谈判的成功。当然了，转移话题并不是要你谈那些不着边际的话，而是选择一些跟你的主题有关的话题，只有这样才能保证你随时能够把话题转回来。

第三，换个主谈人法。谈判者可能会因为情绪问题而影响到自己的个人判断，而且在很多问题上已经形成了成见，而这些成见则是使谈判陷入僵局的主要原因。此时，换一个主谈人继续进行谈判是一种明智的选择。

第四，扩大双方利益。如果可能的话，可以适当地扩大双方利益。在某个问题上，即使是原则性让步，也能让对方在某些重要问题上做出让步，这样双方都能够得到更多的益处。当然，这样做的前提则是自己得到的益处能够保证比做出的让步多，否则将是得不偿失的。

006

[如何在谈判中提出反对意见]

美国有一个医务总监提出了不做烟草广告，不生产供妇女、运动员和未成年人吸香烟的建议。结果遭到了烟草公司的反对。烟草公司请出一名足球明星，与一位反吸烟运动的成员进行谈判。

反吸烟运动的成员说："不错，我看过你的比赛，不愧是国足水平。尤其是在同××队的那场比赛中，你那一脚凌空抽射简直妙极了。如此球技，可谓空前绝后！"

他的一番恭维让那位足球明星喜不自禁，且有点儿飘飘然起来。于是信口开河，大谈起禁烟无用。他说："你们搞的那个科学调查报告，根本就没有任何价值，也没有任何的说服力。"

那位反吸烟运动成员据理反驳："可是，你忘记了，政府也引用了那份调查报告。"

对此，足球明星不屑地说："那不过是一个意外而已。"

接下来，双方谈起吸烟上瘾的问题。足球明星自鸣得意地说："吸烟即使有那么一点儿害处，也是微不足道的。更何况尼古丁根本就不会让人上瘾。我的妻子就是一个例子，她以前时常吸烟，可是后来却轻而易举地戒掉了。所以，你们的上瘾之说根本不成立。”

这时候，那位医务总监说话了：“你的妻子戒烟？那也只不过是一个偶然的插曲罢了！”他话音刚落，全场便发出一阵讥笑之声，弄得那位球星十分难堪，再也没吱声。

有时候，在谈判过程中，如果对方的观点无法使你认同，应该说出反对意见。如果为了谈判能够顺利开展而一味地附和对方，不仅于你不利，而且也失去了谈判的意义。

餐桌上放着一个冰激凌蛋糕，小华和小娟只有经过一番分配才可品尝到蛋糕。对此，小华提议说：“如果小娟同意，那么他可以按照成立的契约分享蛋糕；如果小娟不同意，那么他们就只能看着蛋糕融化，谁也品尝不到。”

在这个提议中，小华是处于有利地位的，因为他所说的契约可以是自己独吞这块蛋糕，而小娟最多就是舔一舔切蛋糕的餐刀，或者是小娟可分得一块蛋糕，但这块蛋糕比小华的蛋糕大或者相等的可能性很少。于是，在分到很少的蛋糕或者是什么都得不到的游戏规则中，小娟一定不会同意，必定要求重新分配。

其实，生活中的任何一场谈判就如同故事中的小华和小娟

的谈判一样，都存在着利益相争的问题，而这必然会牵扯到讨价还价，参与的谈判者都会尽可能地经过一番辩论使自己的损失最小而利益最大。要做到这一点，就必须学会反击，也就是在无利可图的情况下拒绝对方的要求。

当然，拒绝也并不仅仅是说个“不”字那么简单，如何把“不”说得委婉动听，还能让对方明白你的意思才是关键。以下几种方法值得领导者借鉴：

第一，不说威胁和辱骂之词。拒绝的技巧有很多，但目的就一个，要表达自己的反对意见使人觉得可以理解，尽可能减少对方因被拒绝而引起的不快。对此，马基雅维利认为：“以我所见，一个老谋深算的人应该对任何人都不说威胁之词或辱骂之言，因为两者都不能削弱敌手的力量。威胁不会使他们更加谨慎，辱骂则会使他们更加恨你，并使他们更加耿耿于怀地设法伤害你。”因此在谈判过程中，若想表明自己的立场，就不要指责对方。

第二，寻找一些托词。谈判中，遇到你必须拒绝的事情，但又不愿伤害对方的感情，此时可借用一些托词。这有助于摆脱窘境，还不会伤害对方的感情。但毕竟这是不干脆的做法，所以情况不紧急的话不可多用。

第三，使用一些敬语。在谈判中使用一些敬语，也可以表达你拒绝的愿望，传递你拒绝的信息。因此，若要拒绝和反对对方，则可以多使用一些敬语，使对方产生“可能是要被拒绝”的预感。

第四，讲究策略。谈判中拒绝对方，一定要讲究策略。婉转地拒绝，容易使对方心服口服；如果生硬地拒绝，很容易引起对方的不满，甚至怨恨、仇视。因此，在拒绝对方时，尽量不要使用伤害对方自尊心的语言及方法。也就是要让对方明白，你的拒绝是出于不得已，并且感到很抱歉、很遗憾，尽量使你的拒绝温柔而缓和。

总之，写文章要有详有略，详略得体。谈判中说话也应如此，该略的地方略，该强调的地方强调，如此才能明确地表达自己的看法和观点，也不会使谈判陷入僵局。

007

[抓住机会，直截了当地说明]

国际管理集团（IMG）创立之初，有一天终于约见了几个月来就想拜见的全美有名的席梦思床垫公司总裁格兰特·席梦思以及几位副总裁，向他们推销 IMG 的服务，希望为这家床垫公司生产配套产品。

整个会谈进行得十分顺利，但是床垫公司仿佛仍然没有被说服下决心合作。如果错过这个机会，再找机会将这几位公司的巨头与 IMG 的董事们聚集在一起，那可能会是几个月以后甚至是更长时间的事了。为此，IMG总经理麦克先生果断地向格兰特·席梦思先生提出了自己的想法：

“我们刚才非常荣幸地向各位介绍了本公司能为贵公司提供的配套服务，对于双方今后的合作计划、前景也得到了各位一致的赞同，这项合作计划对我们双方都将是有利可图的。但是，如果我们一离开这个房间，这项业务或许就会被贵公司暂时搁置一旁，因为贵公司的业务实在是太多了，但我们公司已经为此等待了4个月的时间。既然我们都认为这是一个可行的合作项目，何不趁格兰特先生和几位副总在场把合作协议签了，为我们的初次合作画上一个圆满的句号呢？希望能原谅我的冒昧请求。”

当然，结果是非常令人满意的，格兰特·席梦思先生从沙发上站了起来，握住了麦克先生的手，说：“好。”合作协议就这样签订了。

当麦克回到公司将结果告诉同仁，他们都感到难以置信，不到一个上午就大功告成。但结果正是如此，只要抓住机会，直截了当地谈，照样能拿下订单，成功的过程就是这样简单。有时运用幽默的语言，直截了当地说明白，效果会更好。

这些年，美国航空公司之间竞争激烈，机票竞相减价。一次，一位乘客要买机票去旧金山，走进了西部航空公司的售票厅，对售票小姐说：“我要两张旧金山的机票。”

“好的。不过，先生，这种机票有多种优惠价格，不知您适合哪一种？”小姐答道。

“哦，优惠？”这位乘客漫不经心地说：“我早听说过，可不知道能有些什么优惠？”

“您如果在星期一至星期五之间乘飞机，并且保证在盐湖城（美国西部城市，那里有禁止抽烟、喝酒等许多戒律）上空不吸烟的话，我们可以给您优惠价格。”

“我从不吸烟，能给多少优惠？”

“你是美国印第安人吗？”

“不是。你问这干吗？”

“那太遗憾了，先生，因为如果您是印第安人并在清晨4点起程，又在次日清晨返回的话，我们可以给您30%的减价优待，但现在只能8%了。”

“哎，我的上帝，请问你们还有其他优惠条件吗？”

“嗯，如果您已经结婚50年以上没有离婚，并且是去参加您的结婚纪念活动的话，我们给您减价20%。”

“这对我不合适，还有吗？”

“如果您是个神经外科大夫，为了给病人做手术买往返机票，您可以得到10%的减价优待。”

“我在政府机构做事，你们没有什么像我这种人可以享受的优惠吗？”

“有的，这里有一种票，如果您是一个国家的驻外使馆人员，那可以给予15%的优惠。”

“那我又错过了，我正和我太太一起旅行。”

“哎呀，先生您怎么不早说呢？您太太不到60岁吧？如果她不到60岁，且你们又不赶在周末旅行，那可以享受20%的优惠价。”

“可我们非得在周末才有空呀？”

“嗯，别灰心，请问您和您夫人中有当学生的吗？如果你们有上大学的，且又在星期五（星期五在美国虽属周末，却又因耶稣在星期五遇难而被视为不祥的日子）乘飞机，我们可给你们45%的减价优惠。”

“我的天，差不多便宜一半啊！可惜我两年前已经念完大学了。这样吧，小姐，您还是给我那8%的优惠吧，谢谢您介绍。”

你看，面对如此名目繁多而又富有幽默色彩的优惠条件，这位乘客最后虽没得到多少优惠，却也心满意足地买下了机票，不用说，只要有机会，他还会多多光顾这家航空公司。

以上是商品经营者与顾客的关系处于“和平”阶段进行的情况。当由于种种原因，这一关系处于“战争”或“冲突”阶段时，直截了当地、幽默地说明白就更显得“魔法无边”了。

比如，有时候，由于商品经营者的过失，使顾客的利益遭受损害，导致顾客的强烈不满，这要怎么挽回呢？当问题发生在公司与客户之间时，直截了当地讲明白，也能发挥调解的作用。

无论是谈判，还是处理问题，针对有些对象和事情，决不能拖泥带水。

008

[谈判是让彼此都感到满意]

迈克在一家汽车公司担任推销员，他对各种汽车的性能和特点了如指掌。按理来说，这对他的工作是有好处的。但遗憾的是，他喜欢争辩，当顾客开始对车子进行挑剔时，他总会与顾客进行一番唇枪舌剑的辩论。当他把顾客说得哑口无言的时候，他并没有认识到自己的错误，反而很得意地说："我让这些家伙大败而归。"

于是经理找到了他，说："在舌战中，你越胜利，你就越失职，因为你会得罪顾客，结果你什么也卖不出去。"

后来，迈克仔细地思索了经理所说的话，并开始改掉自己喜欢争辩的坏毛病。后来有一次，当他去推销汽车的时候，一位顾客傲慢地说："什么，怀特？我喜欢的可是胡雪牌汽车，你送我怀特汽车我都不要！"迈克听了，并没有表现出不快，而是微微一笑说："你说得不错，胡雪牌汽车确实好，该厂设备精良，技术也很棒。既然你是位行家，那咱们改天来讨论怀特牌汽车怎么样？希望先生能多多指教。"

于是，迈克与顾客开始了海阔天空式的讨论。当然，迈克借此讨论的机会大力宣扬了一番怀特牌汽车的优点，终于做成了生意。

或许在许多人看来，谈判成功的唯一方式是恐吓和狡猾。可事实却是，谈判并非是你死我活的较量，而是共同合作以达成协议。因此，谈判的关键不是“谁死谁活”或“谁输谁赢”，而是让彼此都感到满意。这就要求我们在进行谈判时注意自己的措辞、语气及态度等问题，促使谈判圆满成功。

有两个人去外地出差，在路过一家报刊摊时，其中一人走到报贩面前拿出50元钱说:“找钱。”谁知报贩非常不屑地说道:“先生，我可不是在上下班时来替人找零钱的。”说完便开始忙着整理摊位上的报纸。另一个人将一切看在眼里，他笑了笑走到报贩面前拿出50元钱说:“先生，你好，我身上没有零钱了，但是想买份报纸，你能否帮我找一下钱?”听到他这么说，报贩从摊位上拿起一份报纸说:“先拿去看吧，等有了零钱再给我送回来便是。”

你想别人怎么对你，你就怎么对别人。要想谈判成功，就必须礼貌友善地对待对方。即使对方不礼貌、言辞过激，也应保持头脑冷静，尽量以柔和礼貌的语言表述自己的意见，而不能“以其人之道还治其人之身”，以免谈判破裂。

作为领导者，你必须认识到，一项成功的谈判，应该是双方相互达成协议，各有所得，互惠互利，而不是一方独取胜利，置对方于死地。因此，不管谈判双方的实力是如何的悬殊，强弱是如何的不均，但只要走上了谈判桌，那双方就是平等的，必须互相尊重。融洽及友好的气氛是谈判得以顺利进行的重要条件。因此，谈判者必须使自己的语言表达文明礼貌、分寸得当，使谈判双方始终处于一种尽可能友善的气氛中。

相反，如果谈判中的一方趾高气扬、高谈阔论、锋芒毕露、咄咄逼人，就很容易挫伤谈判对手的自尊心，引起对方的反感和不满，以致对方筑起防范的城墙，从而导致自己陷入被动的境地。而且在谈判过程中，如果合作的一方机关算尽，漫天要价，就很容易导致两败俱伤，使得谈判破裂。因此，必须把谈判看作是“合作的利己主义”，才能使谈判成为一种创造更为有利的竞争环境的手段。

在谈判过程中，要做到当止则止。在谈判接近或者达到你所要预计的期望时，就应该保持清醒和冷静，做到当收则收，决不能抱着“再多要一点”的心理，把对方赶尽杀绝。否则把对方逼到山穷水尽的地步，那么你所做的一切努力就会前功尽弃。因为既然是谈判，谈判双方必定要各有所获，若是一方一味贪求利益，另一方的利益就会被损害，那么合作的基础就会被破坏，必然协议也得不到贯彻，甚至达不成任何协议。因此，谈判一定要本着“以和为贵”合作共赢的原则。

第九章

提高主持和参与会议的语言艺术

会议，是领导者的日常事务之一，领导者需要利用会议贯彻管理理念，提高下属的执行力，促进项目的完成。此外，成功的会议在管理上还起着协调成员关系的作用。如果一个团体不经常或者无法组织开会，那么这个团队的凝聚力就会不足。优秀的领导者把会议当成一把强化管理的金钥匙，因为它可以明确前进的方向。所以领导者应当不断提高自己主持会议的语言表达能力，落实会议精神，把握会议发展方向，使会议取得成功。

001

[由浪费时间到富有成效]

一家企业组织一场会议，讨论“效率低下的原因及如何改善”。会议刚开始，总经理就说：“最近，我发现我们企业的效率不高，大家就此事谈谈自己的看法吧！”

于是，其中一位参会者说：“在我看来，不能及时汇报工作是效率不高的重要原因。就拿我来说，根本不知道该何时向李主任汇报工作，而且主任也从来没有让我汇报工作。”

听他这么一说，李主任不乐意了，于是说：“你向我汇报了几次工作，我觉得没任何问题，而且你每次汇报的工作也都差不多，既然这样，你还不如把精力投入到工作上呢。”

“那我应该什么时候向你汇报呢？”

李主任回答说：“你觉得什么时候有必要，就什么时候汇报吧！”

此时，汇报工作的讨论告一段落，总经理也适时地总结了一下说：“很好，这个问题解决了，关键是工作一定要积极主动，对效率低下的原因及如何改善再讨论一下。”

话音刚落，另一名参会者说：“依我看，效率低下的原因是员工的工作积极性不高。就拿我们部门来说，如果能够把销售提成再提高一点，就可以有效地促进大家的工作积极性，这样效率自然就高了。”

“好，既然这样，那把你们部门的提成再提高3%，大家务必要把业务给搞上去。那大家还有什么问题吗？如果没有就散会吧！”

像上文中的会议在很多企业是常有的事，这种会议除不能有效地发现问题外，更不能有效地解决问题。这种会议就像是一种形式，只是做做“面子”工程。

在许多会议中，还有一些常见的现象是：参会者觉得会议的议题和自己没什么关系，因为与己无关，就很难做到全神贯注地去倾听，这样的会议就相当于浪费时间；会议没有明确的议程，与会人想到什么谈什么；或是有议程却不懂得遵守，海阔天空地乱谈一番，忽略了其他议题的与会人员。另外，会议不遵守时间、无限延长也是一种常见的现象，作为领导者，你应该明白，即便你的讲话还没有结束，你也应该按照常规休息，如果无限延长会议时间，很容易引起与会者的抵触心理，这样的会议就没什么效率可言。

开会的目的是为了解决问题，那么会议就要会而必议、议而必决。领导者想要把会开好，提高会议的效率，可以从以下几点出发：

第一，会议时间的安排。

1. 时间不宜过长。一个人聚精会神地投入工作的时间是有限的，因此，开会的时间也不宜安排得过长，否则会让与会者“身心疲惫”，从而影响会议效率。当然，太短的话也不利于大家充分沟通并达成最佳结论。

2. 会议尽量不安排在午餐或者下班前。人在饥饿的时候是很难集中精力工作的，因此，安排会议尽量避免在午餐时间加班开会，更不能在下班前开会，因为根据人的心理，员工在下班前的情绪是最为不稳定的，而且此时开会更容易招致大家的厌恶，何况下班后大家都归心似箭，无法集中精神参加会议，更不要说发表意见解决问题了。

3. 准时召开会议。会议延迟召开是对时间和成本的一种巨大浪费，而杜绝会议延迟召开的办法是：给会议迟到者适当的惩罚，时间一到即召开会议。

第二，会议准备资料的安排。

1. 提前将会议的相关资料分发给与会者。为节省会议时间、提高会议效率，会议负责人或会议主持人在开会前应将会议的相关资料分发给与会者，以便与会者有时间在会前阅读和消化这些资料并形成自己初步的意见和结论。这样，在进行正式会议讨论时，大家就能快速、完整地将事先准备好的意见和建议阐述出来，从而加快会议的进程，提高会议的效率。

2. 会议议题不要安排过多。目标太多，就等于没有目标。会议也是如此，每一次会议不必安排过多的议题，如果议题过多，大家讨论时的注意力很可能会分散，这样一来达成结论就要慢许多，另外，议题过多，势必会拉长开会时间，而会议时间过长也会影响会议效率。因此，一般以一到两个议题为宜，尽量不要超过三个议题。

3. 做好充分的会前准备。不打没把握的仗，如果会议前没有准备，那就可能会由于情况考虑不周、材料准备不够等的问题发生，导致会议拖延或会议无法达到所期望的效果。因此，在会议开始前，对会议内容及材料做一番准备，则在很大程度上提高会议的效率。

第三，对于与会者的要求。

1. 不邀请与会议无关的人参会。邀请与会议无关的人参加会议是一种极大的浪费，也是没有任何意义的做法。因此，作为领导者，在主持或者召开会议时，一定要事先确定好哪些人需要且必须参加会议，而那些参加也可不参加也可的人员，尽量不要邀请他们参会。

2. 尽量避免讨论与会议议题无关的内容。每次会议都有其议题，领导者在开会时应围绕议题展开讨论，注意控制并限制讨论本次会议没有计划的问题。否则一旦放开，则很难收回，而最后的结果则是该讨论的问题没有讨论，导致会议不得不拖延。

002

[如何做好会议主持人]

“我想有关发行部的问题呢，今天就谈到这里。还有就是上次会议中我们谈到但未能得到解决的问题，就是和财务部的沟通问题，在此我建议每周我们开例会时，也请财务部门的一位同事参加，这样就可以让财务部了解我们所面临的困难了。当然了，不光是要财务部了解我们的困难和苦衷，后勤部也应该有所了解。因此，在开会时，如果让后勤部的同事也能来参加，那么我们送货的问题就能得到很好的解决……”

主管继续在员工前面侃侃而谈，可是员工们却早已失去耐心，有的在玩手机，有的在私下聊天，有的甚至已打起了瞌睡。

会议气氛的调动也是主持会议的重要内容，在一个良好、热烈的氛围中召开会议，会充分调动大家的积极性，激发大家的主人翁精神，在会议中生出更多新想法。反之，如果会议死气沉沉，或者与会者心不在焉，那么会议也就起不到应有的效果的。

作为领导者，主持好会议是一种能力的体现。会议在优秀的领导者手中就好比是一个喊话器、一种兴奋剂，可以在士气低落的时候提高员工士气，在骄傲的时候帮员工们恢复冷静，而他则是掌控大局，顺势而为，把控整个会议气氛和进度的掌舵人。

“此次招标未能成功，责任完全在于李安，明知道自己是此次招标的讲解人，他倒好，一个电话‘吱’一声，人就跑得没影了，留下我们在那里大眼瞪小眼。”张伟瞪了一眼李安，很是气愤地说。

尽管李安知道自己这次确实有一定的责任，可是被张伟这样训斥，心里很不是滋味，于是开口道：“是，临时溜跑是我的不对，可那也不是有原因吗？再说了，我临走前不是有跟你们打招呼吗？你们随便哪个人根据资料把产品说明一下不就行了吗，这个案子是大家跟我一起跟进的，这倒好，我一不在，你们就不知道怎么说了？”

“哎，你这倒还有理了……”

“好了，这个事情已成定局，现在我们所要讨论的不是谁的责任，而是要想着如何挽回这个损失。”主管王进的一句话给即将激烈的争辩画上了一个句号，而大家也开始着手讨论下一步该如何做。

一场精彩成功的会议，会议的控制是非常重要的。主持人要让所有人都发挥自己的主观意见，积极表态，但在气氛陷入僵局或冷场的时候适时调节，比如，通过讲一个幽默的小故事活跃一下会议气氛，或者唱首歌鼓舞一下士气……以避免会议死气沉沉。另外，还要控制好会议时间、会议进程等，这些都要求会议主持人始终保持冷静、清醒的头脑，帮助员工做到讨论时放得开，但不能偏离主题。总之，会议主持人是会议的动力和向导，要想会议精彩、焕发活力，就必须掌握因势利导、处理难题的艺术。一般而言，难题分为解决争端、控制感情、传递信息等。为此，主持人可按以下步骤展开会议主持。

第一，使会议进入程序。

良好的开端是成功的一半，会议开头至关重要，想把握成功的机会，要遵守如下规则：

1. 准时开会。准时开会是主持人的责任和魄力之所在，如果因为某个人迟到或其他原因而推迟会议，就需要你改进，做到准时开会。

2. 直截了当地宣布会议的目的。尽管会议开始前，会议文件或通知已经到了与会者手中，但你仍有必要再强调一下会议目的。因为口头说明有助于为与会者明确地限定讨论的问题，而且能够消除在会议开始时人们思绪的混乱状态，集中大家的注意力。

3. 要讲积极、有信心的话。你的话语要表明会议定能成功；指出议题的重要性；指出达成的决议将对人们所产生的影响；充分估量会议的价值，给与会者设一个目标。

4. 用词准确，妙趣横生。直接而有活力的开场白往往能使会议变得有气氛和节奏感，同时语言也能给你的思想穿上俏丽的服装。

5. 要简洁。开场白要简洁，一般限制在一分钟左右，因为讲长话会磨钝“会锋”，还会分散与会者的注意力，引偏目标。

第二，推进会议。

主持人应起到指挥员或向导的作用。当与会者之间怒火迸发时，你可以通过一些总结性的话语，或者是巧妙地转移话题来消除即将爆发的“灾情”。同时，主持人也是一个业务员，可容纳百家之言，并从中鉴别出有价值的意见，进一步完善。总之，在整个会议进行的过程中，他既像法官一样评判正反，又会像调解员一样，使整个会议在一种和谐、积极的氛围中开展。

第三，结束会议。

结束会议前要制定或引出决议，在这个时刻，若没有主持人的有力领导，那么所有的努力都会在最后关头功亏一篑。因此，在闭会阶段，要懂得充分发挥主持人的权威，要向与会者报告已得出的结论、尚存的分歧以及会后要采取的行动。对此，要记住以下 3 个要点：

1. 通报取得的成果。简明扼要地列出已经达成的协议，把它向与会者公开。

2. 指出分歧。我们不能指望在一次会议上就把所有的问题都解决，也不能指望会议会在全体与会者意见一致的情况下结束。因此，要用明确的语言指出分歧，估价它的影响并说明是多数人还是少数人的意见。

3. 明确今后的行动方法。指出哪些事情会在会后得到落实、相关的负责人是谁，并且对与会者的帮助表示感谢，然后把会议决定的事项打印成文件，分别分发给与会者和与此有关的人。

003

[掌握即席讲话的艺术]

小杜是一家高端电子产品的负责人，平时与客户沟通总能侃侃而谈，可是一到正式场合发言，就容易紧张，显得有点儿局促。

一次去参加某合作公司的周年庆活动，在活动中，对方公司的负责人突然说："今天，我们荣幸请到了 ×× 公司负责人，现在有请杜先生给我们讲话。"

听到从麦克风里传来的声音，小杜有点儿蒙了，心想：讲话？事先没有任何通知，我也没做任何准备，讲什么？然而，看着那一双双望着自己的眼睛，小杜又不得不硬着头皮走上台，说："各位，我觉得……我想……我来说两句吧……刚才都挺好的……"

善于即席讲话，是每个领导者都必须具备的一项基本功，因为领导者参加礼仪活动、外出参观学习、下基层检查工作、向领导汇报情况、接待来访人员等是常有的事，这些活动中就难免需要即席讲话。即席讲话因其突然性、临时性和不确定性让不少人畏之如虎，其实即席讲话也有一定的技巧和规律可循。只要我们保持平和的心态，注意日常的积累和训练，相信一定会顺利完成讲话，并赢得众人的认同。

没有现成的稿子，也来不及认真准备，全靠现场思考主题、组织语言和临场发挥。因此，即席讲话考验的是领导者的心理素质、表达水平、应变能力、文化修养等综合素质。不管是哪一类型的即席讲话，领导者都应本着让听众听懂、听清、被接受、被感动的原则，选择话题、组织语言。而要做到这一点，领导者应注意以下几点：

第一，简洁。即席讲话力求简洁明了。一句话能表达清楚的问题，就不要说两句话，更不能婆婆妈妈，天马行空。因为讲话简洁，不仅方便听众理解，也方便自己，减少负担、减轻压力。

第二，通俗。即席讲话要尽可能地使用口语化的词语，尽可能避免在大众场合用专业术语，千万别为了显示自己的学问深奥而用一些晦涩之词。

第三，适当运用对偶排比句，能使听众印象深刻，便于记忆。即席讲话时，运用对偶排比句，不仅有利于听众记忆，听起来也耳目一新，关键是朗朗上口。

第四，适当运用幽默和名言隽语。幽默和名言隽语在即席讲话中的运用就像炒菜加作料一样，作用很大，但不可多用乱用。要根据不同对象、不同场合合理运用，否则就会贻笑大方。

另外，即席讲话还要紧扣主题、选好切入点。明确自己的态度和观点、选择恰当的话题，那么即席讲话也就成功了一半。领导者在选择话题时，有以下几个原则可供借鉴：

第一，话题取熟。即席讲话最怕的就是说到一半没话说，或说不下去，但如果懂得借用可以生发新意的事物，且围绕自己熟悉和体会深刻的话题讲话，就能够有效地消除紧张情绪，打开思路，应付自如。

第二，话题惊众。讲话是为了让人听，而一个人讲得如何、水平高低，关键是要看听众的反应。因此，选择话题首先要考虑听众对此是否有兴趣、是否愿意听。也就是说，即席讲话要尽可能地选择那些与听众关系密切、能给听众以启发的内容作为话题。

第三，话题独妙。即席讲话讲得好不好、有没有水平、所讲内容有没有新意、有没有独到之处也很关键。如果你所讲的都是一些老生常谈、众所周知的事，那听众就很容易感到厌烦。因此，要在仔细观察现场、感受气氛、知己知彼的基础上确定一个好的话题。

第四，题契语境。即席讲话所选的话题还要根据所听的对象、所处的场合以及现场的具体环境，从中找触发点，发表自己的感想和议论，然后再一步步展开演讲的主题，这样才显得随和、亲切，没有生硬之感，也容易被听众所接受。

004

[如何为会议选择合适的话题]

某公司就“让我们现在就动手吧”为议题召开会议。会议刚开始，就放映了一段描述办公室中存在的一些不到位现象的短片。如，文件乱堆乱放、垃圾未及时清理……尽管这些问题没有关系到销售和生产，但是这些细节容易给客户留下不好的印象。

主管刘杰看完短片后说道：“在此，我要先做一个检讨，因为我的办公室现在不太合格，尽管在这之前我也尝试着把办公室整理得井井有条，可这是一件需要长期坚持的事，最终我没能坚持下来。现在该如何做，请大家发表意见，我有信心做得到，相信大家也会做到的。”

会议结束的第二天，刘杰的办公室完全按照昨天会议上所讨论的那样整理得井井有条，同事们也都整理自己的办公桌，于是，整个办公场所看上去焕然一新、赏心悦目。

会议是为了解决某些存在的问题而召开的，而选择合适的话题是会议顺利召开，并且使问题得到妥善解决的前提。另外，选择一个合适的话题，也能营造良好的会议氛围，使与会者踊跃参与到会议中来。那么，作为领导者，如何选择合适的话题呢？一般要遵循以下原则：

第一，与会议主题有密切关系。任何一场会议和活动都有其自己的议题，也就是主题。因此，会场上所有的讲话、发言及讨论都应紧扣这个主题，否则就会出现跑题现象，干扰会议方向。

第二，自己熟悉的话题。围绕自己熟悉和印象比较深刻的话题做讲话，能够有效地消除紧张情绪，还能打开思路，激发讲话的欲望，并做到应对自如；而且一些熟悉的话题更能够准确地表达领导者的思想和观点，容易谈出深度、谈出新意。这样一来，领导者的讲话才能吸引听众、打动听众。切记不可为了求新、求奇而选择那些自己不够熟悉或者还没搞懂的话题，更不能冒充内行，乱说一通，否则将会置自己于一种被动、尴尬的境地，影响自身的形象。

第三，能吸引和打动听众。讲话是为了让人听，听众的反应就是你讲话的效果及水平，也是你讲话是否成功的标准。因此，选择话题首先要考虑的是听众最关心的是什么、愿意听什么。如果不顾听众的感觉而大讲一通，但是没人听也是白白浪费唇舌罢了。当然，在选择话题时也要尽量选那些与听众有关系、听众熟悉、有一定新意、能给你以启发的内容作为话题。

第四，有独到之处。衡量一个领导者讲话讲得好不好、有没有水平，关键是看他的讲话有没有什么独到之处，如果老生常谈，把众所周知的事情再讲个没完没了，那就没有多少意思了，听众也很容易感到厌烦。因此，领导者要在仔细观察现场、体会气氛、知己知彼的基础上确定一个好的话题。

第五，符合语言环境。领导者所选的话题也要以语言环境为参考，只有了解了现实环境，也就是时间、地点、人物和背景，才能使讲话顺利地进行。做到讲话要看对象、看场合。而且话题还可根据听众的职业特点、文化程度、思想水准、性别年龄、处境心情而确定。

005

[如何处理会议中的突发事件]

一家 IT 集团企业下属有十几家子公司，其中销售公司就有两家。集团公司会在每年的年初给每一个公司制定目标，等到了年终考核的时候，根据完成的目标量给每个公司嘉奖和处罚。去年年终考核时，不仅销售公司没有完成年初制定的工作任务，其他公司工作任务完成的质量也不佳。

会议刚开始，各个公司纷纷指责销售公司，说他们没有完成任务。尽管销售部门确实没完成工作任务，可是被各个公司纷纷指责，也让销售公司觉得不爽，毕竟责任也不完全在于他们。

于是，销售公司代表气愤地说道：“年初制定的工作任务就不现实，而且在工作过程中，其他公司的资源也无法及时地提供……”

接着，销售、生产、科研及财务等各大部门开始各说各的理，逐渐地，年终考核变成了一场互推责任的争吵。

会上出现争吵的情况不是什么新鲜事，就算是在国际会议上，也会出现一些因意见相左而发生的大吵，甚至还有大打出手的事情。因此，突发事件若处理不当会直接影响到会议的顺利进行，还会对企业未来的发展带来较多负面的影响。作为领导者，应做好在会议上面对突发事件的心理准备，冷静地对待会议上的突发事件，做出最为妥当的处理。

某公司召开月底工作汇报大会，会议刚开始，领导者张伟就此次会议的主题进行了说明，然后让与会者分别汇报这个月的工作情况。

等到小李汇报去省政府听取报告的工作时，与小李同一办公室的老周有些不服了，他打断小李的汇报，当面质问道：“小李，你与我同在一个办公室，而且负责的都是相同的工作，平时工作我都会与你交流，可是为何这次去省政府听报告的事你没跟我说一声？”

听老周这样说，小李也不服气地说：“我跟你在同一个办公室、负责的工作也相同是没错，可这并不代表我什么事都得向你汇报……”

就这样，小李和老周在会议上吵了起来。

担任会议主持的王主任看两人吵得越来越凶，于是适时地插话说：“老周，听报告没有通知你，这不是小李的责任，是我没有要他通知你。我想你们负责的都是同样的工作，如果两人都不在岗位，那遇到问题就无法处理。再加上你经验比小李丰富，若出现紧急情况都能妥善地处理，所以我就让小李一个人去听报告了。如果你有意见就跟我提吧，不要责怪小李了。”

老周听了主任的话，感到自己刚才有些太冲动了，于是主动向小李致歉，矛盾解决了，会议也顺利地继续下去了。

尽管会议的领导者为会议的顺利召开做了认真的准备，但计划永远赶不上变化，在会议进行的过程中往往还会出现一些意想不到的情况。比如，有时候员工可能会借会议提出一些较尖锐的问题，或者提出一些本不属于此次会议的问题，故意为难领导者。为了避免影响会议，你可以明确地告诉他，这个问题不属于本次会议的议题，等到会后再讨论解决。

总之，不管遇到了何种突发事件，领导者一定要保持头脑冷静，通过自己的应变能力处理那些突发事件。下面是一些常见的突发事件及处理方法，可供领导者借鉴：

第一，开局冷场。

在会议开场时，无人发言或与会者无任何反应，陷入冷场时，领导者应分清原因，分别采取相应的对策措施。

一是若与会者没有任何思想准备，一时难以发言，尤其是事先没有打招呼，一般情况下，临时召开会议就容易出现冷场，此时，作为领导者，你可以鼓励大家先谈不成熟的意见，然后在讨论中补充完善，这可使大家先做短暂的准备，然后发言。

二是与会者对所讨论的议题不理解、不明白而感到无从开口时，领导者应详细地、明确地交代议题，对与会者进行耐心启发。

三是当会议议题直接涉及和关系到多数与会者的利益时，因大家心有顾虑而容易造成冷场，对此，领导者应事先启发与其利益关系不太大的，或者是先让大家公认比较正直、公道的人发言，然后再逐步深入，取得最后的胜利。

四是会议议题有一定的难度和复杂性，与会者一时无法提出明确的意见而出现冷场，这时领导者就要起带头作用，可以由浅入深，启发大家开动脑筋，逐步接触问题的实质，也可以选择分析能力强、思想敏锐的与会者率先发言，借此来打开突破口，再引导大家讨论发言。

第二，气氛沉闷。

气氛沉闷是会议中经常出现的现象。作为领导者，让会议陷入沉默和冷场，将是一个失败和不合格的领导者。因此，当会议气氛出现沉闷的时候，领导者应积极思考沉默的原因，然后有针对性地采取对策。一般来说，会议中的沉默通常有以下几种情况：

一是害羞、胆小的沉默者。有些与会者胆小，让他们在众人面前讲话时，他们就会舌头发紧、全身发抖。对于这类与会者，领导者不应问一些使人难以回答的问题而使这种人感到难为情，而是要问一些你认为他们能够回答的问题，帮助他们克服发言时的不安心理。

二是出于某种顾虑而沉默不语。尽管有些与会者对议题有较好的意见和看法，却因为某种顾虑而沉默不语。对于这种情况，领导者应想办法打消这些人的顾虑，支持他们发言。

三是清高的沉默。若与会人员清高闭守、不肯多言而保持沉默，领导者就应该多给他们一些鼓励和尊重，因为这一类人往往阅历较深、比较严谨、有自己的见解。他们一方面想表现自己，另一方面又摆出一副清高不凡的架子。而领导者的鼓励和尊重可以让他们感受到自己的重要性。

四是无所谓的沉默。当会议议题与部分人关系不大时，有人会认为议题与己无关，于是便抱着无所谓的态度而不愿开动脑筋思考。此时，领导者应采取恰当的方法把他们引导到会议议题上来，促使其思考问题。

五是对立的沉默。这类人要么是对议题有不同意见不想说，要么是对主持人有意见不愿说，反正就是不把自己的意见表达出来。对此，领导者应抛开个人恩怨，主动引导他们发言，然后再通过亲切的感情和语气使他们改变态度，并对他们的发言持重视态度，鼓励他们讲出自己的真实看法，对不正确的意见也不要介意。

第三，离题万里。

离题现象在会议中时常出现。这种现象的出现很容易使会议脱离轨道，进程很慢。作为领导者，你必须试着把会议引上正轨。但值得注意的是，离题的时候也不可强扭，因为强扭会挫伤积极性，从而导致开成一个无效会议。因此，出现会议离题的问题时，领导者可采用以下方法。

一是接过讨论的某句话，顺势引回到正题上来。你可以说："你的见解的确很独到，可是这与我们今天的议题没有任何联系。"这样做可以帮助他人意识到离题的问题，也促使他们回到讨论的议题上。

二是联系议论的某一层意思，提出新的话题引入正题中。

三是用一句风趣的话截住议论而引入正题。

离题是很多与会者犯的错误，但领导者绝对不能因此事而粗暴地对待对方，而应尽可能地采用不影响情绪和气氛的方式，用礼貌的形式提醒发言者。或者，如果可能的话，逐步把较远的讨论与眼前的问题结合起来，逐渐把大家引回到轨道上来。如果还不行，就总结一下到目前为止已经说过的内容。这就会调整其方向，把注意力集中到主要议题上来。

第四，窃窃私语。

当一个人开始与左右的人窃窃私语，干扰了会议时，最好的办法应该是尽可能地不理睬他。如果对方的交谈达到必须要加以制止时，领导者可以通过直接提问来试着打断交谈者。或者，也可以停止发言，等他们安静下来再继续。

006

[会议进行中，切勿随意插话]

一次，在学习《牵着妈妈过马路》的课文时，老师让学生们默读课文两遍。

正在学生们默读课文时，老师插话说：“在读课文的过程中，哪些地方使你感动？把感动处用笔画出来。”

又有一次，学生们在边读边以“难忘的”为题写片段时，老师又插话说：“解答了刚才的问题后，再在读文章的过程中注意寻找课文后面练习题的正确答案。”

或许在老师看来，这些强调是对学生的负责与关爱，可对于学生来说，老师的做法干扰了他们阅读课文时精力的集中，打断了思路。

插话不仅仅是把自己所想的表达出来那般简单，还需要根据特定的环境选择插不插话，并思考如何插话更为合适。在会议中，你的脑海中会突然冒出一个很好的点子；或者你无法认同发言者的观点；或者听了半天，发现自己根本不知道对方在说什么……此类情况下，你或许会想插话，但话不能乱插，否则很容易因此导致会议失败。

插话，插得好可以起到画龙点睛，插得不好，则会成为画蛇添足。插话是利用当时的语境、发言者所讲的内容，在恰当的时候插入一些如赞同、总结、强调或者反对的话语，以达到调剂会议氛围、推进会议进程的目的。当然，插话并非毫无规律，也不是随机即兴而发，而是有一些基本原则和方法的，领导者需注意以下几点：

第一，插对时机。要想把话插得好，就必须选好“插缝”。如果没有“插缝”而硬往里插，就容易给人以生硬之感，自然也不会有好的效果。作为领导者，如果你不注意插话的时机，觉得自己突然冒出来了一个想法，于是便不管不顾地往外说。这样插话的结果，对发言者并没有起到一点点配合的作用，反倒造成了某种程度的“冲击”，使发言者觉得“你总是打断我的发言，失去了应有的插话效果，既然你这么爱讲，那你讲得了”。失去了应有的插话效果，因此，作为领导者，在你插话的时候，一定要注意选择恰当的时机。

第二，插对话题。好的插话可以将会议推向新的高潮，不好的插话则容易引偏会议方向。其实插话大多都是为了补充或强调发言者的讲话，因此，所插的话题必须是与会议主题有密切的关系，而且具有一定的分量。另外，若你觉得内容是可插可不插的，那还是不插的好。毕竟发言者讲得正好，而听众也都认真地倾听，如果你贸然插进去，不仅起不到强调的作用，还可能会引起听众的反感。

第三，有质有量。高质量的插话是领导者综合素质和各方面经验的集中体现。因此，要想丰富语言，就需要注重加强语言积累，着重进行自然、灵活、准确、简明的语言训练，做到语言顺畅自然、切合实际，无须刻意雕琢，就可达到语出惊人的境界。但值得注意的是，你所插的内容必须与主题一致，而且要尽可能地做到简明。如果领导者尊口一开就刹不住，而且越扯越远，不仅会使主讲者很尴尬，而且也会影响会议取得理想的效果。

第四，不要插话成瘾。有些领导者为了显示和提醒与会者自己的存在，可谓是插话成瘾。刚打完张三的“岔”，没一会儿又跟李四“抬上杠”了。这不仅扰乱了主讲者的思路，压抑了主讲者的情绪，也影响了会议的顺利进行。

总之，话不能随便插，只有插得恰如其分、插得精彩，才能活跃会场气氛，达到升华主题的作用。

007

[遵循讲话逻辑，做好会议发言]

会议中，销售部与广告部就新产品的展销会发表了不同的意见。

销售部说："我觉得这次的活动，我们在借鉴其他公司的同时仍然以保守路线为主，这样做虽然在业务上不会有什么大的突破，但至少没有任何的风险。"

广告部说："没错，如果我们沿用以前的展销方式，的确没有任何风险，而且还可以在会场布置上节省不少的原材料。但是，这样的展会有什么意义？对我们公司的形象有什么正面的效果？我们跟其他的同行有什么优势呢？客户凭什么弃其他而择我们呢？"

两方争执到这里，观点和态度已经很明确，现在所需要的是领导者就两方的不同意见做归纳及总结，然后就此问题作出选择。领导者说："你们的观点都没错，都有其好的一面，但是我觉得这次我们可以冒一下险，对这次的展会尽可能地做一些突破，我相信，只要大家共同努力，那么这次的展销会我们一定能创造出新业绩。"

相信对于领导者而言，最糟糕的事莫过于在会议上所讲的话还没说出口，就已经被下属们推测到。这就好比你拿着一份陈旧的稿子，在众人的面前依样画葫芦。对于领导者而言，这无异于一场灾难，它会让你在下属心目中的地位一落千丈，他们会觉得你是一个没有任何领导能力的人，而你所说的话对他们也起不了任何作用。因此，一定要把握好在会议上发言的每个机会，让每次发言都言之有物，不断提升你的威信。

开会最主要的目的是解决问题，而领导者在会议中的讲话目的在于给员工引导和提示，以及在争议中最终择优而定。领导者要想使自己在会议上的讲话达到预期的效果，就必须遵守一些讲话的逻辑。

第一，发音清晰，语调多变。领导者在会议上讲话，就要做到让自己所说的每个字、每句话都传到与会者的耳朵里。这就要求领导者在讲话时声音洪亮，铿锵有力，这不光是指音量，还包括说话有力度、吐字清楚、节奏感强，可以使与会者在你的声音中感受到自信的力量。试想一下，如果领导者讲话有气无力、语调平铺直叙，那么会议的气氛有什么活力可言？如果领导者通过语调的变化，表达出丰富的思想情感和观点，使自己的讲话有强劲的感染力、震撼力，就可以使自己和与会者在思想情感上产生一种共鸣，激发出与会者的情绪。

第二，突出议题，明确宗旨。在会议中，领导者只有启发和引导大家，始终遵循会议既定的议题去进行充分讨论，才能使会议达到预想的目的。这就要求领导者表述会议目的时做到表述清楚、条理清晰，能够把会议的目的、要求、内容等信息清晰明确地传达给与会者，做到层次清晰、逻辑严密、表达准确、中心突出。如果领导者的表达逻辑混乱、主次不分，那么与会者听到耳朵里也不知你所言为何物。

第三，掌握时机，言之有度。领导者作为整个会议的引导者，须随时把握、驾驭好会议，否则很容易造成冷场或者使会议很难顺利开展下去。如在会议上，当大家的意见比较集中，领导者却不能及时地给予总结意见，推动会议转入另一项议题，就很容易出现冷场，使大家变得无话可说。因此，在整个会议中，领导者一定要懂得把握会议进程，掌握与会人员的心理变化，适时地抓住机会，对会议进行引导。另外，会议中，领导者还要注意把握说话的尺度和分寸，做到根据问题的性质、程度，选择适宜的话题去谈论问题。

第四，实事求是，踏实务实。领导者召开会议要讲话，要做报告，要向与会者传达相关信息。而其中既有一个文风问题，也有一个会风问题。从文风上讲，领导者应当坚持实事求是的原则，敢于坚持真理、修正错误，不能养成说假话、套话、大话、空话的习惯。从会风上讲，应以事实为准，避免会议报喜不报忧、报功不报过、指远不指近、责人不责己，否则开会就失去意义。

第五，因会制宜，调动情绪。领导者讲话的目的在于吸引听众，调动与会者的积极性，使他们更好地接受上级思想和会议精神。因此，针对不同的会议，把与会者的情绪调动起来、刺激听众的兴奋点和吸引其注意力，是领导者在主持会议过程中充分发挥语言艺术的一个重要课题。而这要求领导者不能千篇一律，而要根据会议的不同类型、不同要求做到因会制宜，有针对性，根据场合赋予语言不同的感情色彩。

第六，有头有尾，善于总结。会议在行将结束之际，领导者对会议做一个简明扼要的总结、归纳会议的讨论成果，将相关信息、讨论情况以及达成的共识进行概括性的说明是十分有必要的。而且这对后面工作的开展有积极的作用。但需要注意的是，会议总结应力求客观、符合实际，不要言过其实、随意夸大。另外，对会议的总结，在看到成绩的同时也要及时、客观地指出所存在的问题和不足，提出今后需要努力的方面。

008

[出彩的会议未必是成功的会议]

积极创新、与世界同步的精神一直是王进所倡导的。在即将召开的公司会议上，王进也想把这种精神融入进去。于是，会议一开始，王进并没有像往常一样直接说明会议主题，而是先给大家讲了一个小故事，意在活跃一下会场气氛。谁知，就是会前的这个小故事使得整场会议都无法进入正轨。尽管王进几次试图把大家的注意力拉到今天的会议主题上，可是效果都不大。

一场无聊又乏味的会议很容易让与会者投入其中。于是，许多领导者不满足于只将会议顺利地完成，而是想通过一些手段使会议超出预期的效果，也就是想让会议出彩。可是会议不同于演讲，更不同于闲聊，它的真谛在于传达精神、展开讨论。因此，想要在会议上出彩是一种不切实际的想法。可以说，一场会议如果能按部就班、踏踏实实地进行，就已经是很成功的了。

A公司的工作效率极高，这使B公司的领导者羡慕不已，于是B公司的领导者想向A公司的领导者请教一二。这天，B公司领导者对A公司领导者说：“尊敬的先生，在业界内，你公司的实力和优势是有目共睹的，我想知道对于拥有上千名员工的公司，你是如何做到让大家步调一致的？”

“你过奖了，我并没有做什么，只是在每次的会议上把所面临的问题及后面的工作做了明确的指示而已。”A公司的领导者回答说。

听了A公司领导者的答案，B公司领导者觉得他们的会议一定有什么过人之处，于是要求现场观摩一下，而A公司领导者也答应了B公司领导者的请求。可是，让B公司领导者意外的是，整场会议并没有什么特殊之处，还是按照一般的程序。对此，B公司领导者提出了自己的疑问：“你们的会议并没有什么过人之处，不是吗？”

听到B公司领导者的话，A公司领导者笑了笑，说道：“的确，我们的会议并没有什么不同，可是，为什么一定要有不同呢？我们只需要通过会议了解问题，并且解决问题，向员工们传达工作精神不就足够了吗？”

会议是一个互通信息、协调关系的场所，领导者可以以它为媒介，向与会者部署工作、展示领导的决策与意图，同时达到增强团队的凝聚力、鼓舞士气、调动下属积极性的目的。而想要充分发挥会议的功能以达到预期的目的，领导者应注意做好以下几点：

第一，充分准备。研究工作、部署任务、交流思想是开会的目的，且有着明确的针对性。因此，在召开会议之前，领导者应事先做好充分的准备，尤其是对会议的主题应该经过长时间的细细推敲，议题一旦确定便不再做出更改。只有做好充分准备，才能使会议的进程顺畅。

第二，解决问题。会议是制定工作目标、完成工作计划的一种活动方式。因此，会议都有其特定的议题，而且具有针对性。解决问题是每个会议的目标，不解决问题的会议就没有召开价值可言。可是要想问题得到妥善的解决也并非一件易事，许多会议必须经过许多方面的共同努力才能成功解决问题。通过对会议各方提出的意见进行集体讨论，最后形成一个令各方都能接受的最佳方案。召开任何会议，都要始终按着既定的日程与议题进行讨论。与会者围绕议题进行讨论，最后达成协议，实现共同的目标，这才是完整的会议构成。所以，领导者应时刻牢记会议目标，积极寻找解决问题的手段，要抱着不达目的不罢休的精神来组织会议。

第三，重视效率。提高会议的效率，最大限度发挥会议的积极作用，是一个非常重要的问题。开会是需要时间的，所以必须精打细算，充分利用好会议中的每一分、每一秒。从经济学的角度说，一切节约归根到底都是时间的节约。所以，领导者要时刻提醒自己，时间是宝贵的，与会者的注意力也是有限的，因此，一定要提高会议的效率。

009

[给会议做一个完美的总结]

某公司召开晨会，领导者在会议刚开始时说道："大家大致地说一下上个月在工作中的问题。"于是，与会者分别说明了在工作中遇到的问题及还没有解决的工作。等到大家把问题都提出后，该领导者并没有对所存在的问题进行归纳与解决，而是分配了下个月的工作任务，最后通过一个伟人的小故事说明了细节的重要性，意在告诉员工们在平时的工作中要注意细节。等到故事讲完，领导者说："今天的会议就进行到这里，大家开始工作吧！"

就这样，领导者草率地给会议画上了一个句号，而与会者觉得这样有头没尾的会议根本就是走过场。因此，公司很少有人注重开会，即使是人到场了，心里想的、手里做的也全是与会议无关的事情。

做事要善始善终，开会也一样，会议既然有了开头，也就应该有一个圆满的结尾。这要求领导者在会议即将结束的时候，将此次会议召开的有关情况及所取得的成果进行简明扼要的总结和归纳，对那些无法在会议中解决和不能确定的问题要作出解释说明，给会议画上一个完满的句号。

某单位召开工作会议，等到会议快结束的时候，王经理对此次会议总结道："同志们，经过大家的共同努力，这次会议举办得很成功。在此，我对本次会议做简要小结，主要讲3点内容。第一点，关于会议的概况……第二点，关于此次会议的贯彻与传达……最后，对单位今后工作的开展，我提几点要求……会议到此结束，祝大家工作愉快，身体健康！"

于是，这场会议在与会者的阵阵掌声中拉下了帷幕。

优秀的领导者能把会议的有关情况总结得精练且有高度，让人一听就明白。而有的领导者则不善于总结，对会议的精华把握不准，要么是重复别人的话语，要么是讲些不着边际的话，让人听起来既没有重点，更没有高度，自然，这样的会议总结是失败的。

好的会议总结可以帮助与会者加深对会议精神的理解和把握，有利于会议的贯彻落实。因此，作为领导者，要学会给会议做一个完美的总结。尽管会议总结没有一个固定的模式，但也有一个大体的形式供领导者参考：

第一，基本情况。会议的进程和与会者的表现是整个会议的基本情况。会议进程主要是对会议进行的几个重要环节的综述和分析、对每个环节的实施情况做出准确的评估。另外，与会者在会议期间的表现如何，也要列举一些典型的事例来进行评述。

第二，主要收获。主要收获是会议总结的重点，主要讲经过大家的共同努力，会议统一了哪些思想、提高了哪些认识、研究和解决了哪些问题。最后再高屋建瓴地概括归纳出几条，让人听了觉得条理清晰，而且便于记忆。谈收获要紧扣会议主题，突出与反映存在的问题，切实符合会议的实际情况。需要注意的是，每条收获都应用具体的事例加以说明，要注意引用与会者的发言，特别是一些好的意见、建议及具体的措施和打算，给人以具体生动的感觉。

第三，今后的工作意见。今后的工作意见主要是根据会议总的精神，结合工作实际，提出实施会议主题的意见，也就是对会议中所研究问题的传达学习、贯彻落实提出具体要求，对会议确定的目标、任务、政策措施进行详细的分解，并且落实到有关责任单位和责任人。

了解了会议总结包括的三大方面，那么如何总结才得法呢？领导者可采用如下方法：

第一，简单概括法。简单概括地回顾叙述会议中办了哪些事、达成了哪些共识、哪些问题得到了妥善的解决，加深与会者的印象。比如："通过这次会议，我们传达学习了某某文件，研究讨论了某某决定，某某领导做了重要讲话，对下一步的工作也做出了具体的安排和部署。一是……二是……三是……这些意见完全符合我们的实际，对于促进我们今后的工作具有重要意义，希望大家认真抓好落实，切实抓出成效。对贯彻好这次会议精神，我再提几点意见……”

第二，归纳法。在简要回顾整个会议的基础上，对整个会议进行高度的归纳和概括。如，“我们这次会议开展得很成功，概括起来有以下几大特点……通过这次会议，我们形成了以下几个方面的共识……解决了几个方面的问题，并且形成了一致意见，拿出了具体的对策措施，下一步关键是抓好落实。”

第三，鼓动法。对会议不做全面总结的情况下，要用鼓舞人心的话做总结，对大家提出新的希望和要求，号召大家为实现某个目标或完成某项任务而努力工作。对会议的总结是详细还是简要，需要根据会议的要求、会议气氛、与会人员、时间安排等情况而定。可以根据上述介绍的一般结构和方法进行调整、完善，灵活掌握。

第十章

对领导来说，演讲力就是影响力

演讲慷慨激昂、余音绕梁，这是一种能力，更是一门艺术。领导者的演讲能力与管理成效是密不可分的。假如你是一个有着雄才伟略的领导者，但是，当需要你发表一番演讲的时候，你却无法向下属传达出你的战略思想，也无法向下属说出一番激励人心的话，这样的你又怎能有效地引领下属呢？所以，对于领导者来说，演讲是一门必须掌握的艺术。

001

[演讲是领导者的必备能力]

《纽约太阳报》每年正月登出一幅整版的广告："增加你的收入，学习有效地讲话，预备领袖资格。"每年都有十几万人从远离纽约的地方跑到这里听"卡耐基有效讲话及事业上影响他人之法"的演讲，听众大部分是高级职员、雇主、企业家等。美国著名企业家艾柯卡刚刚荣升为福特公司的全国卡车培训经理，就被派进某学院攻读"演说术"，至今他仍是该学院的"虔诚信徒"。

演讲是就某个问题对听众说明事理，发表自己的意见或者见解。演讲从本质上来讲就是语言、情感、姿态等方面的艺术综合体，是激发人们心灵的表演艺术。

从古至今，政治家、军事家、社会学家都十分重视自己的演讲技能。演讲作为一门艺术，在现代生活中所起的作用也越来越重要。如果一个领导者只会谋划，而不懂得运用演讲的方式将信息灌输到员工当中，也注定是徒劳无功的。

优秀的领导者也必然是出色的演讲家。因为，领导者有责任向人们宣讲自己的政策，鼓励自己的下属去奋斗。与此同时，演讲还是领导者与基层群众交流思想、联络情感的最有效方式，领导者可以通过演讲让员工了解他，进而支持他。

某地有一个肉类加工厂，是县里的一个老大难单位，已经换了三任厂长了，没有一点儿起色。第三任厂长是一个口才极好却不干实事的人，就职演说说得头头是道，却没有达到自己设定的目标，也正因为如此，最终自己把自己赶出了厂门。

县里面又派出了第四任厂长，这任厂长充分分析了自己所面临的情况，在就职时没有发表长篇大论的演讲，仅仅说了几句话："说实话，上级让我来当这个厂长，我一百二十个不愿意。为什么呢？因为人家都说，这肉联厂的厂长不好当，两年换一个，搞不好就亏本，担子很重啊！副县长我当得好好的，来当这个厂长不是犯傻吗？可上级让咱来咱能不来吗？所以，从现在起，我就是第四任厂长了。不过我给大家交个底，我可不想干两年就走，我要跟大家一起干出个样来。就像一根绳子拴着两只蚂蚱，飞不了你们，也蹦跶不了我……"

厂长演讲完毕之后，引起了大家的议论，有的员工说："这个领导挺实在的，没有讲那些大道理……"也有人说："看样子是个老实人，跟着实在人干，我们心里踏实。"

案例中，这位厂长深知，在全厂职工面前第一次亮相十分重要。他针对上任厂长在就职演说中讲得头头是道却不干实事的结局，对演讲的内容、方式、角度做了适度的调整，实实在在地说了一下自己上任时的心理活动和之后的打算，从而达到了与职工交流的目的。这几句话没有那么多的慷慨激昂，甚至可以说是很朴实，却说进了人的心里。

社会的负责性决定了群众不可能对某一政策产生相同的认识，此时，就需要领导者运用演讲的方式，面对群众“讲清楚、说明白”，争取在群众中形成一致的认识，否则的话，集体的力量就会大打折扣。

演讲并不是为演讲而生，而是为了达到某种目的而存在，当一名领导者想在最短的时间内传达最多的信息时，演讲是最合适的工具。领导者宣传政策、鼓舞大家的工作热情、介绍先进的经验、传授最新的知识、发表战略观点，这一切都需要演讲的才能。

相反，一名领导者不会演讲，或者不会利用演讲的方式，仅仅通过电话、文字来管理约束自己的员工，无形之间就切断了领导者与被领导者之间的内在联系，必然会造成一定的隔阂，进而产生事倍功半的效果。

总之，演讲能力是每位领导者所必须具备的条件。一位不会利用演讲来宣传自己的观点、想法的领导是很难成为优秀的领导的。从古至今，凡有所成就者都具备超凡的演讲能力。他们演讲或是慷慨激昂，或是感情真挚，为他们思想的传播起到了极大的作用。一场成功的演讲对领导者加强管理有着极大的裨益，同时，也在帮助领导者不断地进步。

002

[如何克服当众讲话的恐惧]

一位马上要毕业的大学生在实习的时候第一次登上讲台，当学生们站起，师生互致问候时，他本来已经准备好了，不知什么原因，脑中突然空白了，惊慌中，他支支吾吾，颤抖地说了句："同学们，再见！"

同学们都莫名其妙，瞪大眼睛看着他，身为老师的他满脸通红，手也发抖，同学们不由得笑起来。他希望场面能够恢复安静，但是，同学们依然在笑，搞得他满头冒汗。

当他拿出"手帕"擦汗时，学生们又开始大笑起来，学生们笑什么呢？一位学生指了指他手中的"手帕"，他才发现，原来手里拿的不是手帕，而是一只袜子——真糟糕！怎么把袜子放进衣兜了呢？

看着同学们大笑的样子，他窘迫至极，只好跑下了讲台，慌乱中，一只鞋又不小心掉在了讲台上……

心理学家曾针对"你最害怕的是什么"做过一次有趣的调查。名列榜首的竟然是"当众演讲"。有接近一半的被调查者表示，在公众面前讲话的恐惧要高于其他事情产生的恐惧。由此可以断定，在多数人看来，当众讲话的确是一件困难的事情。

当今社会竞争激烈，当众讲话虽然让人恐惧，却是一项必须具备的能力，尤其是对领导者而言更是如此。身为领导者，仅仅做一个博学多识的人是不够的，还要能把自己肚子里的博学说出来。因为，能否很好地当众讲话决定了领导者是否具有足够的能力影响他人。

要想真正克服当众讲话的恐惧，首先必须拥有积极的心理。

心理素质是决定你的讲话能否顺利进行的重要条件之一。很多人都认为影响体育比赛胜负的主要因素是技能上的差别，其实并非如此，大量事实证明：心理力量的强弱与否才是决定胜负的关键。“见了强队就胆战心惊，见了弱队又时刻担心输了而丢面子”，这就是心理方面的问题了。詹纳曾在 1976 年奥林匹克运动会获得了 10 项全能金牌，但他在回答记者询问的时候，说：“奥林匹克水平的比赛，对水平相差不多的运动员来说，大约有 20%是身体方面的竞技，80%是心理的挑战与抗衡。”可见心理因素作用很大。像契诃夫笔下的小公务员那样，自惭形秽、畏畏缩缩，连最基本的自主意识都没有，每天胆战心惊，犹如踩钢丝似地过日子，又怎能游刃有余地同别人打交道呢？

所以，在当众刚刚开始讲话的时候，不能总是被消极的思想控制，比如“我也不是权威，如果讲错了，别人会笑话我的。”“如果我的话被听众驳斥了怎么办？”等，这类消极的思想只会挫伤你当众讲话的勇气，使你畏首畏尾、不敢开口。

其次，当众讲话归根结底离不开实践。美国著名教授詹姆士说：“普通人只发展了他蕴藏能力的 1/10，与取得的成就相比，我们不过是半醒着。我们只利用了我们身心资源的一小部分……”而要最大限度地开发一个人的潜能，第一步就是“有效地说话”，突破讲话时的恐惧心理，释放自己、充满自信，加强自己的内心世界与外在世界交流的机会，而在这种不断地演讲中，你的恐惧自然而然就会随之消失了，你的潜能也就随之发挥出来了。所以，领导者要抓住可以实践的机会，在实践中锻炼，在实践中积累经验，在实践中应用与提高。

总之，对领导者来说，当今社会，当众说话是不可避免的，如果你在讲话时总是词不达意、啰啰唆唆，又怎能在下属心中树立起一个良好的领导形象呢？又怎能带领下属做出成绩呢？所以，领导者要扩大自己的心理地盘，敢于在世人面前表现自我，不怕暴露缺点和弱点，并通过这种当众讲话的练习来检验和提高自己的人格魅力。

003

［ 为演讲设计一个好的开头 ］

美国葛底斯堡国家烈士公墓落成时，近2万人来到这里，美国前国务卿埃弗雷特站在主席台前心潮澎湃，看着眼前的麦田、桃园、远处的青山，以及今天到来的人们，他心中激起了层层波澜。几个月前，南北方部队再次激战，内战的局面由此发生改变，他为那些在战斗中牺牲的烈士感到无比崇敬。他望着眼前的一切，发表了一篇演说，开场白是这样说的——

站在明净的长天之下，从这片经过人们终年耕耘而现在还寂静憩息的广阔田野放眼望去，那雄伟的阿勒格尼山脉隐约地耸立在我们前方，弟兄们的坟墓就在我们脚下，我真不敢用我这微不足道的声音来打破上帝和大自然所安排下的这意味无穷的寂静……

这段开场白把美丽的景色与他当时崇敬的心情融合在了一起，极大地吸引了听众的注意力。后来，人们称这篇演讲为“一生中的精心杰作，标志着他的演说达到了炉火纯青的地步”。

俗话说：“良好的开端是成功的一半。”演讲更是这样。无论何种演讲，开头总是关键。

演讲的开头很重要但也难以把握，如果你想凭借简单的言辞吸引听众、抓住听众的心，简直是痴心妄想。如果在演讲的开始，你的话就没有吸引到听众，那么，听众的注意力就容易分散，接下来，无论你的演讲多么精彩绝伦，听众也不会洗耳恭听，所以，为演讲设计一个好的开头至关重要。

想要开好头，领导者可以从以下方面入手：

第一，用意想不到的见解引出话题。

听众对众口一词的论调都不屑一顾，置若罔闻；演讲者倘若用意想不到的见解引出话题，营造“此言一出，举座皆惊”的艺术效果，会立即震撼听众，使他们急切地想继续听下去，这样就能达到吸引听众的目的。

第二，用自嘲活跃气氛。

自嘲是幽默的最高境界。自嘲用在开场白里，目的是用诙谐的语言巧妙地自我介绍，这样会使听众备感亲切，无形中缩短了演讲者与听众间的距离。

比如，在一次作代会上，萧军应邀上台，第一句话就是：“我叫萧军，是一件出土文物。”这句话包含了多少复杂感情：有辛酸，有无奈，有自豪，有幸福。而以自嘲之语表达，形式异常简洁，内蕴尤其丰富！胡适在一次演讲时这样开头：“我今天不是来向诸君做报告的，我是来‘胡说’的，因为我姓胡。”话音刚落，听众大笑。这个开场白既巧妙地介绍了自己，又体现了演讲者的谦逊，而且活跃了现场的气氛，一石三鸟，堪称一绝。

第三，情景交融，引人入胜。

一上台就开始正式演讲，会给人生硬突兀的感觉，让听众难以接受。不妨以眼前的人、事、景为话题开始演讲，把听众不知不觉地引入演讲之中。就像本小节开头的案例中所展示的，那段开场白语言优美，节奏舒缓，感情深沉，人、景、物、情是那么完美而又自然地融合在一起。据记载，当埃弗雷特刚刚讲完这段话时，不少听众已热泪盈眶。

第四，用悬念激发好奇心。

人们都有好奇的天性，一旦有了疑虑，非得探明究竟不可。为了激发起听众的强烈兴趣，可以使用悬念手法。在开场白中制造悬念，往往会收到奇效。

有一位教师举办讲座，会场秩序比较混乱，学生对讲座不感兴趣，老师转身在黑板上写了一首诗："月黑雁飞高，单于夜遁逃。欲将轻骑逐，大雪满弓刀。"写完后，老师说："这是一首有名的唐诗，大家都说写得好，我却认为它有点问题。问题在哪里呢？等会儿我们再谈。今天，我要讲的题目就是'读书与质疑'。"这时全场鸦雀无声，学生的胃口被吊起来了。演讲即将结束时，老师说："这首诗问题在哪里呢？不合常理。既是月黑之夜，又是严寒冬季，北方哪有大雁？"这样首尾呼应，强化演讲内容，令人回味无穷。

004

[精练达意永远好过连篇累牍]

有一次，美国幽默大师、作家马克·吐温在教堂里听牧师演说，最初的时候，他听得很入神，觉得牧师讲得很有力量。在捐款的时候，他很高兴，准备把身上带的钱全部捐献出去。

可是过了很久，牧师的演讲还没有结束，一看表，发现原来已经过去10分钟了。原来高兴的劲头现在一丝也没有了，最后，他决定一分钱也不捐献了。

当牧师完成了冗长的讲话，将捐款的盘子摆递在他面前时，马克·吐温不仅没有捐钱，反而从盘子里拿出了两元钱。他表示，这是对牧师耽误他时间的惩罚。

这则有趣的故事就是对那些讲话啰唆之人绝妙的讽刺。

在演说的过程中，说话要力求精炼，不要冗长。也就是说，要通过最经济的语言方式传达出最大的信息空间，使听众在短暂的时间内收获到更多有价值的信息。反之，说话啰唆、没有重点、空话、废话一堆，说了好久也没有说出一个所以然，这样必然让人产生厌倦感，难以达到好的效果。

古语有云“山不在高，有仙则名”，在演讲中则是“言不在多，达意则灵”。演讲的目的就是向听众传递出有用的信息，同时与听众达到思想交流的目的，所以，语言的运用是演讲者在发表演讲时必须注意的一点。不要连篇累牍、唠唠叨叨，字字珠玑、精练达意方能使人愿意倾听。

古人说：“智者寡言，愚者善辩。”演讲并不是时间越长越好，相反地，越是短小精悍的演讲才越具有艺术的魅力，产生的效果才会越好。

美国总统华盛顿的就职演说只有短短的135个字；美国总统林肯的葛底斯堡演说只有区区10个句子。但这些短小精悍的演说却完全表达出了讲话的重点。尤其是林肯的一篇轰动全国的演讲，仅仅用了600余字，用了不到3分钟的时间，但是却赢得了上万名听众经久不息的掌声。有报纸评论者曾做出这样的评论，说：“像这样篇幅短小精悍的演说真是一种无价之宝，感情深厚、思想集中、措辞精练，而且字字句句都写得很朴实、优雅，行文又很完美，完全出乎人们的意料。”所以，林肯的演讲手稿被收藏于国会图书馆之中，他的演说词也被铸成了金文，放在牛津大学。

有人曾通过多次试验得出这样一个结论：世界上的多数人都有一个共性，就是在听演讲的时候，可集中精力的时间一般在半小时左右，而保持的最佳状态应该是一刻钟左右，并且这种时间的长度还与一个人的年龄和身体的健康状况密切相关，年轻人往往时间会长一些，而年纪较大的人则会相对短一些。

所以，在演讲的时候，最有效的时间是在30分钟之内，时间太长就难以达到效果了。

领导者要想让自己的演讲有所收获，就要摒弃演讲中那些冗词赘句，去掉多余的“赘肉”，达到“苗条身材”最惹人喜欢。演说过程中，要学会长话短说，不要将所有自认为有用的语言都用上，只有经过“筛选”“过滤”才能提炼出精辟的表情达意的词句。

如果你长篇大论地做出一番演讲是可以的，但是切记不要只想着用时间来征服你的听众，要知道言之有物才能让人洗耳恭听。与其不厌其烦地说一堆废话，还不如简单明了地阐述自己的观念、阐明自己的立场。在不同的场合，面对不同的对象，说出可以涵盖自己的思想、意见或真情实感的精彩语言，这才是演讲必须做到的。

005

[读懂听众心理，赢得情感认同]

《三国演义》第四十二回中说，赵云突破重围，将刘备的独子阿斗救出。

刘备遂解视之，原来阿斗正睡着未醒。

赵云喜曰："幸得公子无恙！"双手递与玄德。

玄德接过，掷之于地曰："为汝这孺子，几损我一员大将！"

赵云忙从地下抱起阿斗，泣拜曰："云虽肝脑涂地，不能报也！"

后人有诗曰："曹操军中飞虎出，赵云怀内小龙眠。无由抚慰忠臣意，故把亲儿掷马前。"

兵法有言："心战为上，兵战为下。"也就是说，在所有的策略中，攻心最为有效。所以，在与人沟通的时候，要尽量使用一些符合他人心理的语言，这样你才能与对方产生共鸣，对方才会认同你。

演讲也同此理。在演讲中，演讲者要注意揣摩听众的心理，使自己的演讲深入听众内心，与对方达到心灵契合，进而使演讲成功地吸引听众。

1941 年，丘吉尔前往美国，目的是说服美国和英国联合对德宣战，以缓解英国当时危机四伏的局面。此行，丘吉尔打算对美国民众进行一次演讲，希望能够说服美国民众支持政府。当时，美国人对英国人有些意见，所以，有些人并不支持政府对德宣战，因此，这次演讲对丘吉尔来说难度很大。但是，丘吉尔的演讲能力确实让人佩服，他在进行此次说服演讲时，将攻心技巧成功地运用到演讲中，不仅用情感打动了美国民众的心，而且也化解了那些有严重对立情绪的美国民众。

丘吉尔在发表演说时说道：

"我远离祖国，远离家园，到这里度过一年一度的佳节，但我并不觉得寂寞孤独。或许是因为我母亲的血缘关系，或许是因为我在这里得到了许多的友谊，以至于我根本不觉得自己是个外来者。"

"由于我们的人民和你们说着同样的语言，有着同样的宗教信仰，追求着同样的理想，因此我感受到的是一种和谐、亲密无间的气氛。而今晚的此时此刻，在一片战争的混乱中，每一颗宽容无私的心灵都应得到灵魂的平安。因此，至少让我们在今晚能把困扰我们的各种担心和危险搁置一边，在这充满风暴的世界中，为我们的孩子准备一个幸福的夜晚。那么，今晚的此时此刻，我们希望使用英语交谈的每个家庭都像是一个有阳光普照、既幸福又和平的小岛。"

英国首相丘吉尔首先从两国人民有着相同的语言、相同的宗教信仰、相同的理想及长期深厚的友谊作为切入点，并将这些共同点说成是他们两国之间互相信任、彼此了解的基础，接着，又说出希望使用英语交谈的每一个家庭都能够度过一个和平安详的圣诞节，以此打动了美国民众的心，促动了美国民众心中的那一份爱的情感，使他们转变了立场。

商家常常说："顾客就是上帝。"而如果将这句话运用在演讲家身上，那么，"听众就是上帝"。要想让听众认同你，在演讲之前，一定要做好准备工作，要读懂听众，抓住听众的心，如此才能有的放矢、深入人心。

对于领导者而言，在演讲时，要读懂你的听众，应做到以下几点：

第一，了解听众的心理。听众的心理因人而异，十分复杂，既然要演讲，当然得先了解听众的心理，投其所好，才能吸引听众的注意力。

要了解听众的心理，我们必须先认清一个事实，即演讲成功与否，操纵权在听众手上。如何说话固然很重要，但在说话之前一定要先考虑到听众。俗话说得好，世界上10个人就有10种样子，彼此长相不同，倾听的方式也有差异。而且，即使是同一个人，也会因时间与情况的不同而产生不同的情绪。

但是，不得不说有些演讲者总是忽视听众的存在，说话情不真、意不切，这样很难赢得听众的心。不要总是想当然地认为，你在台上演讲，下面的听众就会认真倾听你说的每一句话，并产生良好的效果，事实上，是否倾听的决定权在于听众而并非在于演讲者本人，因此，你的演讲是否能够被听众接受，就要看你的演讲是否与听众的心理达成共鸣了。这一点是非常重要的。

第二，了解听众的层次。要使演讲获得听众的共鸣，就要使你的演讲贴近听众，与听众及听众的兴趣有关，而不同层次的听众，他们的需求和兴趣自然是不同的。

听众的组成分子，包括年龄、性别、职业、社会地位或政治立场等等。组成分子不同，听讲的态度与方式也会有所差异。对一群年轻人谈“养生之道”和对老年人谈“两性交往须知”，效果可想而知；对一群研究生谈“家庭主妇如何利用闲暇做零工”，现场听众的反应不言而喻。

人类对于事物的看法，会由于年龄、性别、教育程度等不同而呈现出极大的差距，因为大家的价值观不同，所以会影响彼此听话的态度，这一点是演讲者必须顾虑的。

对于某些谈话内容，例如“性教育”，年轻人认为没什么大不了，保持正常的聆听，而老年人却给予猛烈的抨击，认为这种事怎么可以在大庭广众之下说？其实，许多演讲主题都要针对听众来设定才能满足听众的口味。一般来说，男性会比较理性，而女性则比较感性，所以即使谈到相同的内容，演讲者也必须考虑到题材和发表的方式。

我们都知道每个人的立场或职业不同，也会对事物产生不同的看法和感受。演讲之前，领导者一定不能忘记分析听众的组成分子，例如听众的年龄、职业、男女比例等，或以何种职业居多。分析这些资料后，寻找共同点，有针对性地准备好演讲素材，演讲才能动人。

006

[制造悬念，让听众更有兴趣]

很久以前，巴黎街头上出现了一位英国香烟商人，他把抽烟的种种好处传遍了巴黎的大街小巷。有一天，一位老人从听众中径直走到台前，商人心头一紧。

从容站定后，老人便大声说道："女士们，先生们，抽烟的好处可不止这位先生讲的这些，还有许多好处哪！"商人一听这话，心中窃喜，忙向老人道谢："老先生，谢谢您了！看您器宇轩昂，必定是见多识广，就请您多多指教了。"老人微微一笑，说道："第一，抽烟的人很少被狗咬。"台下一片哄笑。"第二，抽烟的人很少丢东西。"台下连连称奇。"第三，抽烟的人永远不老。"台下听众顿时一片欷歔，商人见状也是一头雾水，与众人一同要求老人揭晓缘由。

老人将双手徐徐放到背后说道："大家少安毋躁。"商人格外兴奋地从旁催促："老先生，请您快讲吧。""第一，抽烟人多数驼背，狗一见到他们，以为是要弯腰捡石头打它，它能不害怕吗？"台下不少人笑出了声，商人却心中一惊。"第二，抽烟的人夜里咳嗽，小偷听见了心虚，哪里还敢去偷？"台下一阵大笑，并有人不时点头赞同，只见商人面色难看。老人继续说道："第三，抽烟人很少长命，当然就没有机会衰老喽。"听众们哑然失笑，而烟草商人早就溜之大吉了。

抽烟对于人体健康的危害可以说是有百害而无一利，当老人走向商人的演讲舞台时，多数人会认为老人要对商人的颠倒黑白大加抨击，而老人恰恰反其道而行，也要大谈抽烟的好处，这就成功地勾起了观众和商人的好奇心，使大家感到疑惑，因而更加急切地想知道其中的缘由。最后，老人的话可谓一语双关，含蓄幽默地解开了大家心中的疑团，既让商人受到了打击，又让听众从商人的欺骗性话语里走出来，对于抽烟的危害有了更加生动形象的认知。老人用悬念吊足了众人的胃口，再娓娓道来，达到了自己预期的效果。

"吊胃口"就是设置悬念，其目的在于为了抛砖引玉，它利用了人类共同的好奇心理，首先设计出一个引人注目的现象或结论，设置一道"关卡"，将听众的注意力集中起来，吊足听众的胃口，在听众猜测思考后再和盘托出真情或道理，解开听众的迷惑。这种方式要比直接说明利害更令人印象深刻。

一位省妇联主席在主题为“构建和谐家庭”的演讲中讲了一则《贤惠的妻子与马虎的丈夫》的故事。

妻子叫丈夫回来时买袋盐，丈夫欣然答应后就匆匆地离开了。抽烟的丈夫一来到商场，只看各种各样的香烟。一位年轻的女售货员笑盈盈地对他说：“先生，别忘了买袋盐带回家。”这位丈夫觉得非常奇怪，怎么不让我买烟？却提醒我买盐？不过，还是很感谢她的提醒，不然，真的把买盐的事忘了。夹着烟在商场里穿行，突然，一位老太太在后背轻轻一拍说道：“年轻人，别忘了买袋盐带回家。”丈夫心想：老人家怎么知道我要买盐？刚才就已经觉得蹊跷，现在终于忍不住想问个明白。老太太一指他后背：瞧，你背上不是贴着纸条，上面写着吗？丈夫脱下衣服一看，原来妻子在背上贴了张纸条，上面写着：“好心人，请提醒我丈夫买袋盐带回家！”

上面的这个故事虽然不长，却悬念迭起，吊足了人们的胃口：两位素未谋面的人怎么知道要提醒“丈夫”要买盐呢？于是迫不及待地要听下去。待到谜底揭开，原来如此，不禁“扑哧”笑出声来。

在演讲中，悬念是指一种能够吸引听众注意力的心理活动，这种方式产生的基础是听众对演讲者要讲述的内容有个大致的了解，但当你向对方传达的时候，这个事物现在已经发生了一些变化，所以，听众们对这件事会更加关心，心里急切地想对此探个究竟。此时，再用关键性话语一语道破，便可起到画龙点睛的作用。让听众感觉既出乎意料，又在情理之中。

这种叙事布置如同中国激进相声的“三番四抖”艺术，即一而再、再而三地将悬念推出来，发生“包袱”，最后一抖落，听众响亮的笑声已经情不自禁地迸发出来了。

好的悬念不仅能够在听众心中树立良好的演讲者形象，而且能够让自己所讲述的内容深入听众心理，可以活跃现场气氛、激发听众的兴趣。所以，领导者在演讲中采取制造悬念的方式，可以有效吸引听众的注意力，使演讲所表达的含义得以更深刻的传达，从另一侧面也反映出领导者演讲艺术的水平。

007

[注意语言的口语化和节奏感]

一代文学巨匠巴尔扎克去世了，作为其挚友雨果在追悼会上发表了《巴尔扎克葬词》，其中一节是这样的：

在最伟大的人物中间，巴尔扎克是名列前茅者；在最优秀的人物中间，巴尔扎克是佼佼者之一。他才华卓越，至善至美，但他的成就不是眼下说得尽的。

他的一生是短促的，然而也是饱满的。作品比岁月还多。

唉！这位惊人的、不知疲倦的作家，这位哲学家、这位思想家、这位诗人、这位天才，在同我们一起旅居在这世上的期间，经历了充满风暴和斗争的生活，这是一切伟大人物的共同命运。今天，他安息了，他走出了冲突与仇恨。在他进入坟墓的这一天，他同时也步入了荣誉的宫殿。从今以后，他将和祖国的星星在一起，熠熠闪耀于我们上空的云层之上。

雨果的这篇葬词，没有泛泛地叙说死者的生平事迹，而是用诗一般的语言，赞美了巴尔扎克的高贵品格，歌颂了他对文化、历史和人类的巨大贡献。其语言含蓄隽永，犹如泉水叮咚，沁人心脾。这样的演说词，令人百读不厌。

演讲是讲给别人听的，这种“双边活动”要求讲与听中间不能有阻隔，要想让人听准、听懂，就得使用听众熟悉的口语。所以，演讲的语言必须保持口语的朴实风格。只有口语化，才能平易近人，上口入耳，便于传播。

这里说的口语，不是日常的口头语言，而是经过加工提炼的口头语言，要层次清晰，语句通顺。那么，怎样做到演讲语言的口语化呢？

第一，把长句改成适合听的短句：演讲的句式要尽量简短，使听众容易把握句子内容。例如，毛泽东在《关于重庆谈判》中说：“事情就是这样，他来进攻，我们把他消灭了，他就舒服了。消灭一点，舒服一点；消灭很多，舒服很多；彻底消灭，彻底舒服。”你看，句式多么简短而又整齐匀称，显得自然流畅。

第二，把单音词换成双音词：单音词声音短促，不容易听清楚；双音词长，留给听众的印象深刻。因此，演讲稿中的单音词要尽量改成双音词，例如，曾—曾经，已—已经，因—因为，应—应该，时—时候、时间、时刻、时分。

第三，慎用近音词和简称：例如，“坚持十年不歇脚”让人听成“坚持十年不洗脚”会大煞风景的，不如说“坚持十年不停步”。有些简称如果听众还不熟悉，演讲中第一次提到，最好用全称。

第四，把倒装句尽量改为一般句式：倒装句具有强调某种成分的作用，是一种常见的句式。但有的倒装句在演讲稿里讲起来显得别扭，听众不易把握其中的含意。如果改成一般句式，就会既顺当，听众也容易把握。例如，原句：在开始以前已被打倒，是承认失败的人。改句：承认失败的人，在开始以前已被打倒。

第五，在用词风格上，多用通俗生动的“现成话”，而不要夹杂文言：演讲最忌讳使用不合时宜的文言和滥用深奥难懂的成语、典故，因为它不仅拗口，也晦涩难懂。

此外，说话的时候要注意节奏，做到抑扬顿挫，有起伏、有快慢、有轻重，才能形成口语的乐感，话语才能变得悦耳动听。什么是节奏呢？那就是口语有规律性的变化，主要体现为快慢和停顿。

说话没有变化，就会像催眠曲一样使人昏昏欲睡。反之，如果能够掌握好说话的节奏，语言生动，就会使人愿意听、喜欢听。有位意大利的音乐家，他上台不是唱歌，而是把数字有节奏地、有变化地从1数到100，结果倾倒了所有的听众，有的甚至感动得流下了眼泪，可见节奏的影响力。

写作老师在谈到细节描写时，提问道：“请问同学们，男生和女生回到宿舍时，找钥匙开门的动作有什么不一样呢？”然后就停顿下来，闭口不言，让同学们自己去揣摩。

台下的大学生们活跃起来了，有的私下议论，有的举手回答，有的干脆掏掏口袋，模拟一下自己回宿舍时找钥匙的动作。

过了一会儿，老师才说：“据我观察，大多数的女生才上楼梯时，手就在书包里摸索，走到宿舍门口，凭感觉捏住一大串钥匙中的某一把钥匙，往锁孔里一塞，正好门开了。而大多数的男生呢？他们匆匆忙忙地跑到宿舍门口，砰的一脚或一掌，门打不开，于是想起找钥匙。摸了书包摸裤袋，摸了裤袋又摸衣袋，好不容易摸到了钥匙串，把钥匙往锁孔里一塞，打不开。原来钥匙又摸错了。”

写作老师的描述引起了大家一片笑声。等到同学们的笑声过后，老师趁势总结道：“把男女生回宿舍找钥匙开门的动作描述出来，就是细节描写，而生动的细节描写又来源于对生活的细致观察。”

在这个故事中，这位老师巧妙地利用停顿的节奏，让听众探索悬念的答案，然后利用解答悬念抛出讲学要点，取得了很好的教学效果，这就是利用了说话的节奏。

那么，我们到底应该怎样做才能掌握好说话的节奏呢？其实，只要掌握好什么时候应该减速、什么时候应该加速就可以了。

说话时应该减速的地方有：需要特别强调的事情；极为严肃的事情；勉强控制的感情；使人感到疑惑的事情；数据、人名、地名等。

说话时应该加速的地方有：任何人都知道的事情；不太重要的事情；精彩的故事进入高潮时；无法控制的感情等等。

说话的节奏和说话的语气一样，都会影响到听众。说话的节奏不同，给人的感觉也不同，节奏快了，会给人一种急促的感觉；节奏慢了，会给人一种平缓的感觉。所以，在说话时，要注意恰当地运用说话的节奏，把自己的感觉表达出来。